Waldorferziehung im ersten Lebensjahrsiebt

Gerhard Hallen

© 2024 Gerhard Hallen
Verlag: BoD • Books on Demand GmbH,
In de Tarpen 42, 22848 Norderstedt
Druck: Libri Plureos GmbH,
Friedensallee 273, 22763 Hamburg
ISBN: 978-3-7597-8428-5

Anstelle eines Vorwortes die erzählte Inhaltsangabe

Diese Broschüre möchte Sie, liebe Eltern und angehende Eltern, motivieren, sich mit der Waldorfpädagogik für Kinder im ersten Lebensjahrsiebt auseinander zu setzen. Ich werde versuchen, anhand praktischer Beispiele dasjenige zu verdeutlichen, was den Wert und Sinn der Waldorfpädagogik in diesem Lebensabschnitt ausmacht.

Zuerst berichte ich in meiner Eigenschaft als Elternteil über jene Veränderungen, die Kinder bewirken können, wenn wir sie zu uns sprechen lassen – und zwar nicht nur verbal, sondern durch ihre schrittweise sich entfaltende Persönlichkeit. Anschließend berichte ich über drei Bereiche, die das pädagogische Fundament der Waldorf-Erziehung im ersten Lebensjahrsiebt bilden:
- die Lebensprozesse (Seite 29),
- die Sinne (Seite 49)
- und die Konstitutionen (Seite 65).

Dabei greife ich auf meine Erlebnisse als Klassenlehrer in Waldorf- Regel- wie auch in Waldorf- Förderschulen zurück, denn in den ersten beiden Jahrgangsstufen zeigt sich dort, was ggf. an Entwicklungsverzögerungen vorliegt und wie man diese Verzögerungen „wettmachen" kann. Die hier erwähnten Namen der Betroffenen wurden geändert.

Gerhard Hallen

Mitteilungen aus dem Nähkästchen

Im Folgenden berichte ich über unsere positive Betroffenheit als Eltern zweier Mädchen, die von klein auf unsere Anleiterinnen in erzieherischen Belangen waren. Wir ließen uns von ihnen zeigen, was zuträglich oder gar unerträglich für sie war. Selbstverständlich hatten wir viele Freundinnen und Freunde, die uns mit Tipps zur Seite standen, aber wir stellten schnell fest, dass zum Beispiel unsere Eltern bei ihren Erziehungsbemühungen noch vollkommen andere Rahmenbedingungen vorgefunden hatten als wir mit unseren Kindern:

- Wir hatten unsere ersten Lebensjahre noch in einem natürlichen Umfeld verleben können. Es wurde mit Naturmaterialien wie Sand, Erde, Gras, Stöckchen u. a. m. gespielt. Wir hielten uns draußen auf, ohne durch den Straßenverkehr gefährdet zu sein, und aßen dasjenige, was die Jahreszeit an Erzeugnissen hergab. Das Leben unserer Töchter war dagegen von Geburt an medizinisch konditioniert – durch Untersuchungen, Wiegeaktionen, Spezialnahrung, Impfungen, Beratungen, Bespaßungen usw. Sie wohnten im ersten Obergeschoss eines Miethauses und konnten nicht in einem Garten spielen. Die nahegelegenen Spielplätze dienten vorrangig als Katzen- und Hundetoiletten, wie auch die Spielgeräte phantasielos waren.
- Der Spielwarenhandel bot „Fitness-Center" für unsere Babys an. Diese wurden am Kinderbettchen befestigt, waren entsetzlich bunt und aus Plastik. Alles wackelte, klingelte grunzte und grinste mechanisch. Sobald die Kinder laufen konnten, wurden sie an die Bedienung von prämedialen Apparaturen herangeführt. Auf Knopfdruck erschallten bestimmte Lieder, erschienen auf einem Display bestimmte Gestalten. Alles war in seiner Funktion für die Kleinen undurchschaubar.

-      Auch gab es für unsere Kleinen knallbunte Kinderbücher mit comicartiger Aufmachung, die, gelinde ausgedrückt, ein wesentlicher Beitrag zur Volksverblödung waren. Da unterhielt sich Lämmlein „Lämmi" mit dem Hasen „Hansi" über die Milchleistung der Kuh „Gerlinde" – und das auch noch in holprigen Knittelversen. Die Illustrationen trotzten vor Schwulst. Nun ja! Es war ja nur für Kinder produziert...

Dagegen stellten wir fest, dass Singen, das Wiegen auf dem Arm, überhaupt ein zarter körperlicher Kontakt unseren Kindern besser bekam als jener Kram, der als vermeintlich intelligenzförderndes Material angeboten wurde. Wir entdeckten auch Kinderbücher, die nicht so prall illustriert und sprachlich gut durchgeformt waren. Wir mussten nur ein wenig suchen... Denn diese Bücher sprangen uns nicht sofort an.

Was ist ein Kind?

Die wesentliche Voraussetzung für eine „kindgerechte" Umgebung ist die Art und Weise, wie wir unsere Kinder anschauen. Als wir vor über 40 Jahren zum ersten Male Eltern wurden, freuten wir uns unglaublich über die kleine Christina. Wir präsentierten sie stolz im Verwandtenkreis und ließen den Ähnlichkeitsbestimmungen der Großeltern, Onkel, Tanten und anderen Verwandten freien Lauf. Man hält es nicht für möglich, wem solch ein kleiner Mensch alles ähnelt.

„Das sind halt die Gene", stellte einer der Verwandten fest und fasste damit dasjenige zusammen, was alle dachten. Als bei der ersten Nachuntersuchung im Krankenhaus eine ältere Ärztin bemerkte, dass dieses Kind – wie jedes seiner Art – ein Wunder sei, dachte auch ich: „Es ist doch die Summe von Erb- und Umweltfaktoren..."

Unsere Kleine wuchs heran und gedieh. Das war nach meinem Verständnis die Bilanz von Nahrungsaufnahme und

Nahrungsverwertung, die sich in den Lebensfunktionen ausdrückte. Und weil die Zunahme der sprachlichen Kompetenz mit der Menge der auf unser Kind einströmenden Worte korrelierte, redete ich auf die arme Christina ein, als gelte es, die Vorlesungsinhalte zweier Semester in einen Vormittag zu packen. Ich wundere mich heute noch, wie geduldig unsere Tochter diese Quasselei ertragen hat. Ja, sie gab sich die größte Mühe, den Erfolg meiner pädagogischen Interventionen zu honorieren. Sie war gerade mal zehn Monate alt und hatte begonnen, auf ihren Beinchen herumzuwackeln, da dozierte ich ihr etwas über die Deckenbeleuchtung und schloss meine Ausführungen mit dem Hinweis: „Da ist Licht." Christina wies sogleich mit ihrer winzigen Rechten auf die besagte Leuchte und wiederholte den Satz. „Da ist Licht."

War dies die inständige Bitte, dass ich endlich meinen Mund halten sollte, oder das Bedürfnis, sich auch mal zu entäußern? Ich war verblüfft und berichtete meiner Frau voller Stolz über das große rhetorische Ereignis. „Wo sie das wohl herhat?", erwiderte sie lächelnd. „Ich habe es noch", hielt ich dagegen. – So erfuhren wir durch die reine Anschauung, dass die Kleinen alles, was man ihnen vorlebte, nachahmten – den Blick, das Lächeln, später den sprachlichen Ausdruck, häufig auch den Klang der Stimme, bestimmte Gesten usw. War unser Kind also eine Zusammenfassung von Vererbung und Umwelteinflüssen? –

Eines Tages schaute uns Christina so an, als wenn sie von sich aus etwas entäußern wollte – und zwar ohne unsere Veranlassung. In ihren Augen war ein Ausdruck, der uns klar und sicher fixierte, wie es selbst bei Erwachsenen nur selten der Fall ist. In diesem Blick lebte ein feiner, milder Wille. Wir lächelten sie an, sie erwiderte das Lächeln aber nicht, sondern ihr Blick schweifte über unsere Augen. Wer da so auf uns schaute, war nicht Bestandteil der Erbmasse. Es handelte sich zweifellos um etwas Individuelles.

„Du bist gar nicht die Summe aus den Genen deiner Eltern, auch nicht das Produkt deiner Umgebung. Du hast etwas ganz Eigenes", murmelte meine Frau, und Christina nickte uns zu, als wolle sie die Worte bestätigen. Nun wussten wir, dass sich da etwas Individuelles entwickelte.

Diese Einsicht führte zu einem Perspektivwechsel auf die Erziehung. Es ging nicht mehr um das Konditionieren eines noch unentwickelten Wesens, dessen Leistungsvermögen u. a. in der Sensomotorik zu steigern war, sondern darum, dem Kind eine Umgebung anzubieten, in der es seine seelischen Fähigkeiten entfalten konnte. Wir stellten uns das folgendermaßen vor:

- Zuerst wurde der eigene Körper ergriffen. Das würde bis zur Schulreife dauern.
- Danach konnte dieser Körper dazu dienen, Kenntnisse von der Welt zu erfassen und damit ein Interesse an der Welt zu entwickeln. Das würde bis zur Pubertät dauern.
- Diese Welterfassung war wiederum die Grundlage für den Erwerb der Fähigkeit, die Welt zu gestalten. Das entsprach dem Jugendalter.

Um diese Schritte vollziehen zu können, brauchte unser Kind Angebote, damit sie ihre persönliche Kraft entfalten konnte.

Was aber bildete die richtige Umgebung? Zweifellos waren wir ein wesentlicher Bestandteil dessen. Es gab aber noch mehr Umwelt als uns. Waren beispielsweise Medien das zeitgemäße Mittel, in unsere Zivilisation hineinzuwachsen? –

Das erfuhren wir bei einem Besuch im Freundeskreis. Dort lief tagsüber bis spät in die Nacht der Fernseher. Als wir einer Einladung dieser Freunde folgen, wurde dort gerade eine ‚kindgerechte Trickfilmserie' präsentiert – „Biene Maja" und anschließend „Heidi". Das war damals so etwas wie heute Pal Patrol. Unsere Tochter, damals 18 Monate alt, starrte zehn Minuten mit weit aufgerissenen Augen auf den Bildschirm und war um nichts in der Welt davon abzulenken.

Als es uns dann endlich gelungen war, sie in einem Nebenraum mit anderem Spielzeug zu beschäftigen, zappelte sie eine geschlagene Viertelstunde wie ein kleiner Kobold herum. Die Freunde lachten darüber, denn sie waren mit derartigen Reaktionen vertraut und hielten das für normal. Wir fanden diese Wirkung aber gruselig, denn so kannten wir unsere Tochter nicht. Als das Gehampel vorbei war, stand der Entschluss fest, dass weder der Fernseher, noch der Game Boy, welcher damals in den Kinderschuhen steckte, etwas für unsere Kleine war.

Den fernsehaffinen Freunden schlugen wir vor, dass deren Söhne und unsere Tochter gemeinsam im Sandkasten wühlen, oder mit uns Erwachsenen Topfschlagen und Blinde-Kuh spielen könnten. Als wir das in die Tat umsetzten, bemerkten wir, dass die Atmosphäre während der Aktionen und auch danach wesentlich entspannter war und wir dann auch genug Zeit fanden, über Erwachsenen-Themen zu sprechen, während die Kinder friedlich miteinander spielten.

Unser Fernseher war von da an die eigene Tochter. Wir beobachteten insbesondere ihre Bewegungen beim Spielen, Laufen, aber auch bei ihrem Bemühen, unsere Arbeit im Haushalt zu unterstützen. Denn sie wollte all das machen, was auch wir gerade taten: Staub saugen, fegen, putzen, abwaschen, auch kochen und backen. Meine Frau und ich entwickelten eine Engelsgeduld, sie gewähren zu lassen.

Ja, wir wunderten uns über die Geschicklichkeit, mit der sich unsere nicht einmal Zweijährige in die Arbeiten einklinkte. Sie las sogar – wie ich – die Zeitung, hielt das Blatt aber auf dem Kopf, so dass sie eigentlich nichts lesen konnte. Das spiegelte mir deutlich, dass Erwachsenenbetätigungen ohne Handlungsorientierung für kleine Kinder vollkommen sinnlos sind. Sie ahmen zwar das Verhalten beim Lesen nach, sie erfassen aber nicht dasjenige, was wir daran erleben.

Nun stelle ich mir vor, was die Kleinen heute alles miterleben, wenn die Eltern am I-Phone oder Tablet hängen und auf das Display starren, um den Instruktionen des Gerätes zu folgen. Was erfassen die Kinder dann? Sie erleben, dass ihre Eltern gebannt sind und keine Wahrnehmung mehr für sie haben. Besonders markant sind Eltern, die, am Handy klebend, den Kinderwagen schieben. Das Kind sucht den Blickkontakt, erlebt aber nur etwas Abwesendes.

Damit ist das Konditioniert-Sein für die Kleinen etwas Normales und Gutes; denn für Kleinkinder ist alles, was in ihrem Umkreis geschieht gut und nachahmenswert. Weil wir schon 60 Jahre zunehmender Medienkonditionierung hinter uns gebracht haben, frage ich mich, inwieweit sich diese Entwicklung auf unsere Gesellschaft und ihre Handlungsfähigkeit ausgewirkt hat. Sind wir noch in der Realität beheimatet oder schon in einer virtual reality gefangen?

Waldorferziehung ist ein gutes Mittel gegen diese Tendenzen. Die Kinder werden zur aktiven Teilhabe und zum sinnstiftenden Gebrauch ihres Willens erzogen.

Das hatten wir damals ohne nähere Kenntnis der Waldorfpädagogik praktiziert. Die Folge war, dass unsere Christina initiativ und phantasievoll spielen konnte. Am liebsten ging sie mit einfachen Tüchern um, die sie über ihre Hände stülpte und etwas sagen ließ. Je ungestalteter das Spielzeug war, desto mehr wurde ihre Vorstellungskraft angeregt. So war ein Kochlöffel oder ein Nudelholz interessanter als ein intelligenzförderndes Steckspiel. Der Kochlöffel konnte sich sogar mit dem Nudelholz unterhalten, wie auch ein Klumpen Lehm wie ein Auto brummen oder wie ein Hund bellen konnte. Diese Spielkultur war ansteckend, denn auch wir fingen an, das ansonsten Unbelebte zum Leben zu erwecken. Die Haarbürste gackerte wie ein Huhn, was unsere Tochter ebenso zum Lachen brachte, wie die singenden Schuhe oder der tanzende Besen.

Befreundete Eltern beobachteten unser Treiben mit einer Mischung aus Befremden und Interesse. Eines ihrer Kinder, ein Junge, war mal bei uns zu Gast und konnte das Beleben von Tüchern und Gegenständen nicht nachvollziehen. Er fürchtete sich sogar, als Christina mit einem Tuch vor seiner Nase herumwedelte und dabei eine Taube imaginierte. Daraufhin kramte ich eine alte Kasperle-Puppe aus unserem Spielzeugmagazin hervor und zeigte sie dem Jungen. Der griff nach dem Kasperle und betastete ihn ausgiebig. Dann ermutigte ich ihn, die Puppe über seine rechte Hand zu streifen. Es dauerte ein wenig, bis sich seine Finger in den Armen und dem Kopf des Kasperle zurechtgefunden hatten. Als er die Puppe einigermaßen bedienen konnte, zog ich ein Tuch über meine Rechte und erklärte dem Kasperle, das sei „die Großmutter". Da begann der Junge, sich als Kasperle mit der „Großmutter" zu unterhalten. – So gibt es auch für die unerfahrenen Kinder Einstiege in das phantasievolle Spielen. Man muss es aber individuell abstimmen.

Da ist Musik drin

Christina war gerade mal 18 Monate alt, da kam ihre Schwester zur Welt. Blitzartig schlugen Begriffe wie „Ödipuskomplex", „Urtriebe" und anderes mehr in uns ein. Tatsächlich griff Christina gleich bei der ersten Begegnung nach der kleinen Anke, um sie an sich zu reißen. War das die erwartete Eifersucht? Wollte sie ihre Schwester von den geliebten Eltern wegdrängen?

Meine Frau hatte etwas genauer hingeschaut. Christina ahmte unser Verhalten nach. Wenn wir uns über Anke beugten, um ihre Wange zu küssen, wollte auch Christina ihre Schwester knuddeln – und zwar sehr heftig. Wenn wir dann nicht in Panik ausbrachen, nahm unsere kleine Anke die stürmischen Liebkosungen ihrer Schwester erstaunlich gelassen hin. Um diese Liebesbezeugungen ein wenig zu steuern, ermutigten wir Christina, beim Wickeln,

beim Schieben des Kinderwagens, später auch bei der Zubereitung
des Babybreis zu helfen.

Für uns Eltern gab es viel zu beobachten. Uns fielen dabei
insbesondere die Bewegungen der Kinder auf. Die kleine Anke
strampelte noch eifrig und begann erst allmählich, ihre Gliedmaßen
bewusst zu ergreifen. Ihre Schwester tanzte und hüpfte viel. Wenn
ich mich auf ihre Bewegungen einließ, regte sich in mir etwas
Musikalisches. Und ich begann, unwillkürlich zu singen. Ich habe
damals meine musikalischen Einfälle nicht notiert, aber eine von
diesen Melodien tauchte wieder auf, als ich für meine Schülerinnen
und Schüler der ersten Klasse ein Liedchen ersann, das ihre Unruhe
aufgreifen und kanalisieren sollte. Diese Melodie war damals
Christinas Einschlaflied. Singend trugen wir sie auf dem Arm und
wiegten sie zum Zweivierteltakt:

Das Lied war zwar nicht in der obligaten Quintenstimmung
gehalten, trotzdem wirkte es wie gewünscht. Christina schlief nach
mehrmaliger Wiederholung ein, und wir konnten sie sanft in ihr
Bettchen gleiten lassen.

Als unsere Anke zwei Jahre alt war, bewegte sie sich weiträumig und kräftig. Dabei ergriff sie gezielt den Umraum. Später kam das bei ihrem Eurythmieabschluss an der Waldorfschule deutlich zum Ausdruck.

Zu diesem Liedchen drehte sich Anke im Kreis und lächelte selbstvergessen. Sobald das Lied verklungen war, ging sie wieder zur Tat über. Z. B. fasste sie einen Holzklotz in ihren Blick und platzierte ihn entschlossen auf den Teppich. Sie verlor sich nicht lange in Träumereien und ‚baute' lieber. – So sind unsere beiden Töchter heute noch. Christina beobachtet intensiv und handelt entsprechend. Anke ergreift schon beim Beobachten das Geschehen und hat es in der Hand. Beide sind im gleichen Berufsfeld tätig und in ihrer Verschiedenartigkeit erfolgreich.

Ein bestimmtes Temperament konnten wir damals unseren Mädchen nicht zuschreiben. Das wechselte ständig. Von äußeren und auch inneren Eindrücken geprägt, zeigten sich die Kinder mal aufbrausend, traurig und zurückgezogen, mal bedächtig und wenig später wieder ausgelassen und umtriebig. Erst mit der Schulreife schälte sich ihr Temperament heraus. Das Temperament eines Kindes tritt nämlich erst dann in Erscheinung, wenn die Lebenskräfte sich stärker mit den Seelentätigkeiten des Denkens, Fühlens und Wollens verbunden haben.

Da wir unsere Töchter über Musik und Bewegung erlebten, konnten wir später, als sie den Kindergarten besuchten, den Sinn der Eurythmie nachvollziehen. Denn auch diese Bewegungskunst ist an jene Gesetzmäßigkeiten gebunden, die einerseits über die Sprache, andererseits über die Musik wirken. Die im Kindergarten gelebte Eurythmie harmonisierte unsere Kinder und vermittelte ihnen viel Freude. Zuhause berichteten sie stolz, welche Phantasiereisen sie mit ihrer Eurythmistin gemacht hatten. –

Als wir beim Sommerfest des Kindergartens eine kleine Eurythmieaufführung erlebten, wurde uns klar, dass viele Kinder, die Probleme mit der Raumlage-Orientierung und der Koordination ihrer Bewegungen hatten, durch die Eurythmie gefördert wurden – und das wie beiläufig. Diese Kunst hat wirklich ein Potenzial, das von vielen Erwachsenen unterschätzt wird.

Intelligenzorientierte Sichtweisen

Die Kognition ist für uns Erwachsene etwas Faszinierendes. Alles muss schnell erfasst und eingeordnet sein. Das hat einen unersetzlichen Selbstwert. Platz für Ungewöhnliches ist da nicht. So halten wir kaum noch Menschen aus, die etwas anschauen und dann einen Satz heraushauen, der so gehaltvoll ist, dass er uns wochenlang beschäftigen könnte. Dafür haben wir keine Zeit…

Dass kleine Kinder schon derartige Sätze hervorbringen, haben wir von unseren Töchtern erfahren: Wir gingen im Wald spazieren – klein Anke noch im Kinderwagen, die dreijährige Christina zu Fuß. In der Natur konnte sie ausdauernd wandern, denn es gab so viel zu beobachten, dass zahllose Sensationen einander ablösten. – Wir hatten einen Reiterweg eingeschlagen, der mit den Hinterlassenschaften der lieben Tiere reichlich bestückt war. Jeder Haufen wurde hinreichend gewürdigt – optisch wie auch über den Geruch. Schließlich betrachtete Christina einen Hufabdruck im Sand und erklärte uns:

„Das sind Pferdereifen."

Wenn man den Begriff des Hufs noch nicht kennt, ist das eine tolle Wortschöpfung. Das Blöde an diesem Ereignis war nicht die phantasievolle und kreative Beschreibung des Hufs, sondern unser Stolz auf Christinas ‚kognitive Leistung'.

Im gleichen Alter sah Anke die Mosel. Sie war über die Ufergetreten. Verwundert stellte unsere Jüngste fest:

„Die Mosel ist überschwabbt." Das war gleichsam lautmalerisch , also äußerst kunstvoll, ausgedrückt.

„Unsere Kinder sind intelligent", stellte ich fest und klopfte mir mental auf beide Schultern. War es doch das Ergebnis der guten Erbfaktoren und einer gelungenen Erziehung. In der Tat: Bei den Arbeiten im Haushalt erfassten Christina und Anke jeden Handgriff auf Anhieb und setzten ihn unmittelbar um. Beim Wäsche-Aufhängen wussten sie aus der reinen Anschauung, dass für Hosen zwei Wäscheklammern benötigt wurden. Die reichten sie im Bedarfsfall dann ungefragt an...

War das aber ein Anlass, auf die eigene Erziehungsleistung stolz zu sein? Eigentlich hätten wir froh sein müssen, dass unsere Töchter die Anregungen, die wir ihnen boten, so hingebungsvoll aufnahmen. Anstatt die Klugheit unserer Kinder hingebungsvoll wahrzunehmen, waren wir stolz auf uns. Das war ziemlich blöd...

Der „Ich-Einschlag"

Eines Tages schien bei unserer Ältesten, gerade mal drei Jahre alt, mit einem Schlage alle Klugheit wie weggeblasen zu sein. Christina saß in ihrem Kinderstuhl am Frühstückstisch, und meine Frau gab ihr ein Glas Milch. Da schlug die Kleine mit dem Löffel auf ihren Teller und schrie: „Ich will aber Kakao haben."

„Kakao gibt es sonntags", erwiderte meine Frau.

„Dann will ich, dass heute Sonntag ist!", knurrte Christinchen.

„Nun ist es mal gut", schaltete ich mich ein. „Du musst ja keine Milch trinken, und Kakao gibt es erst recht nicht."

Da brüllte unsere Tochter wie ein Löwe und ihre einjährige Schwester brüllte mit. Ich musste mir etwas einfallen lassen, um die Situation aufzufangen.

„Heute fahren wir nach Münster und schauen uns den Bären an," erklärte ich den Kindern zu meiner eigenen Verblüffung, denn wenige Sekunden zuvor hatte ich noch vorgehabt, allein für mich eine Dienstfahrt zum Münsteraner Naturkundemuseum anzutreten, um mich dort in meiner Eigenschaft als Museumsleiter von S. mit dem Kollegen in Münster über die Ergänzung unserer Bestände zu besprechen. Nun hatte ich meine Dienstfahrt zu einem Familienausflug umfunktioniert. Meine Frau und die Kinder hatten mitbekommen, dass ich eine meiner seltenen Spontanentscheidungen getroffen hatte. Sie schwiegen verblüfft. Klein- Anke fasste sich als erste.

„Bär sehn!", erklärte sie uns.

„Ich will den Bären sehn!", pflichtete Christina ihrer Schwester bei. Tatsächlich gab es in der Münsteraner Ausstellung einen ausgestopften Bären, der – wie ich es ironisch zu bemerken pflegte – auf Höhlenbär getrimmt war.

„Willst du die Kinder wirklich mitnehmen?", fragte meine Frau. Ich nickte und murmelte wie beiläufig:

„Wenn du so lieb wärest und uns begleitest, gern…" Meine Frau verstand, dass sie das Kindermädchen spielen sollte, während ich mich mit meinem Kollegen besprechen würde. Da sie zustimmte, warnte ich den Kollegen vor, und wir gondelten eine halbe Stunde später mit unserem alten Opel Kadett nach Münster. Der Kollege war von der Idee begeistert, für meine Familie eine Art Vorschulführung durch das Museumsmagazin zu improvisieren. Er war nicht nur ein ausgezeichneter Wissenschaftler, sondern auch ein einfallsreicher Pädagoge. Er ließ alles Mögliche, das im Museumsmagazin lagerte, zu den Kindern sprechen. U. a. diente der Oberschenkelknochen einer Höhlenhyäne als Telefon, das uns mit der Eiszeit verband. Nach diesem Vorbild habe ich dann meine eigenen Museumsführungen ausgerichtet – interaktiv und sehr, sehr bildhaft.

Auf der Rückfahrt reflektierten wir noch einmal den morgendlichen Kakao-Auftritt unserer Ältesten.

„Du hast den Zwergenaufstand gut aufgefangen", lobte mich meine Frau. Ich nickte zufrieden, denn ich wusste aus eigener Erfahrung, dass so etwas auch anders ablaufen kann:

Mit knapp drei Jahren hatte ich meinen ersten großen Zwergenaufstand inszeniert. Es handelte sich zugleich um das erste Erlebnis, an das ich mich mit meinem vollen Selbstbewusstsein erinnern konnte. Damals hatte ich meinen zwei Jahre älteren Bruder „frisch verprügelt". Er lag weinend auf der Couch in unserem Wohnzimmer und jammerte:

„Er hat mich geschlagen und getreten, au, au, au…" Meine Mutter stand fassungslos daneben und rief:

„Er hat es schon wieder getan!" Weil sie auf mich blickte, musste ich wohl derjenige gewesen sein, der „es schon wieder getan hatte". An dasjenige, was einige Sekunden zuvor geschehen war, konnte ich mich aber nicht erinnern. Die Prügelei hatte noch im Dunkel eines fehlenden Eigenbewusstseins stattgefunden. Im nächsten Augenblick trat mein Vater wie ein Racheengel ins Zimmer und fragte gebieterisch: „Was hast du getan?"

Ich wusste es leider nicht, da ich ja erst infolge der Prügelei mein volles Eigenbewusstsein und damit auch mein Erinnerungsvermögen erlangt hatte. Außerdem mussten die Handgreiflichkeiten wohl so wüst gewesen sein, dass ich ohne Sinn und Verstand zugelangt hatte, also gar nicht richtig bei mir gewesen war; denn jetzt noch, einige Augenblicke nach der Auseinandersetzung, war alles um mich herum in ein glühendes Rot getaucht – wie in einer Feuersbrunst. Da ich es nicht besser wusste erwiderte ich: „Ich habe nichts getan!"

Dass ich damals erstmalig das Wörtchen „ich" in meinen Mund genommen hatte, fiel niemandem auf. Stattdessen bezichtigte man mich der Lüge. – Mein Vater hat mich daraufhin natürlich bestraft. So war das damals – Schwamm drüber.

Angesichts dieser Erinnerungen wurde mir bewusst, dass bei der Kakao-Nummer am heutigen Morgen offensichtlich etwas Ähnliches, nur in milderer Form, abgelaufen war. So war uns aufgefallen, dass Christina sich dezidiert als „ich" bezeichnet hatte, während sie vordem immer noch in der dritten Person von sich gesprochen und nur in ersten Ansätzen das Wörtchen „ich" benutzt hatte. –

„Was hat euch denn im Bären-Museum am meisten gefallen?", fragte ich die Kinder. Anke erklärte:

„Bär!" Ihre Schwester äußerte sich etwas dezidierter:

„Ich finde das Knochen-Telefon toll."

Da war es wieder, dieses „ich"…

Die Übersetzung ins Bildhafte

Nun hatte der liebe Kollege aus Münster für unsere Kinder alles höchst genial ins Bild gesetzt. Das wollten wir in den Umgang mit ihnen integrieren. Deshalb setzten wir uns am Abend nach dem Museumsbesuch zusammen und erstellten eine Art Übersetzungshilfe für die Alltagsverrichtungen. Dabei bemerkten wir, dass wir unsere Kinder zum einen viel zu oft mit latenten Vorwürfen konfrontierten. Zum anderen muteten wir ihnen Entscheidungen zu, die sie gar nicht treffen wollten. Sie erwarteten doch von uns, dass wir ihren Willen richteten. Hier einige Kostproben unserer Übersetzungsbemühungen:

Erwachsenensprache Vorwurfshaltung	Willensstärkende Bildsprache für Kinder
Pack bitte die Spielsachen in die Kiste!	Die Spielsachen sind müde. Jetzt wollen sie in die Kiste springen und schlafen.
Die Schnittstelle am Apfel ist schon braun angelaufen. Iss ihn bitte endlich auf!	Schau mal: Der Apfel will eine Schale machen. Er ruft: „Iss mich wacker auf!"
Zieh bitte nicht die Nase hoch! Nimm gefälligst dein Taschentuch und schnäuz dich hinein!	Der Nasen-Aufzug hat Pause. Jetzt kommt das Taschentuch und macht den Ölwechsel. Mal sehen, wie das trötet.
Wie oft habe ich dir schon erklärt, dass du deine Schwester in Ruhe aussprechen lassen sollst!	Ups! Da ist doch der Papperlapapp aus Christinas Mund geplumpst. Jetzt wartet er ein Weilchen, bis Anke zu Ende erzählt hat.

Iss bitte auf. Wir wollen keine Reste sehen.	Was sagte der Teller zur Goldmarie? „Iss mich leer, dann sehe auch ich die Sonne."
Nun hast Du die Schuhe schon wieder verkehrt herum angezogen! Wie lange soll das noch so gehen? Du musst dir endlich mal merken, dass die Spitzen der Schuhe nach innen zeigen.	Zeigt die Spitze froh nach innen, ist die Anke bestens drinnen.
Wenn ich dich morgens sehe, möchte ich, bitte, ein ordentliches „Guten Morgen" hören!	Gut ist es, dich hier zu sehn, den Gruß zu hörn' noch mal so schön.

Zu den Entscheidungszumutungen fiel uns Folgendes ein:

Erwachsenensprache mit Entscheidungszumutung	**Kindgerechte Bildsprache zur Willensschulung**
Möchtest du ins Bett gehen oder vor dem Einschlafen noch eine Geschichte hören?	Jetzt erzähle ich dir eine Geschichte, und dann geht es ins Bett.
Isst du lieber das Gemüse oder die Nudeln?	Erst darfst du durchs Gemüse schleichen, um die Nudeln zu erreichen.
Was fehlt denn noch auf dem Frühstückstisch, oder willst du es heute nicht essen?	Die Erdnusscreme hat sich versteckt, damit Christina sie entdeckt. Frisch in die Küche und gesucht. Das Erdnussbrot ist schon gebucht.
Du kannst dich jetzt entscheiden: Entweder räumst du dein Zimmer auf und kannst mit uns zu Abend essen, oder es gibt kein Abendbrot.	Jetzt ziehen wir im Sauseschritt zum Zimmer hoch hinauf. Und wenn es aufgeräumt dann ist, gibt's Essen obendrauf.
Es sind nur noch fünf Kilometer bis nach Hause. Ich kann den Kirchturm schon sehen. Schaffst du das noch?	Schau mal! Wir können den Kirchturm von St. Viktor schon sehen. Jetzt pumpen wir ihn Schritt für Schritt auf, damit er größer wird.
Kannst du die Schnürsenkel nun endlich binden? Oder muss ich dir schon wieder helfen?	Ha! Die Schuhe freuen sich schon darauf, dass sie mit dir gleich laufen können. Schnür die Schuh flink zu!
Sollen wir ins Freibad gehen oder willst du schon wieder in diesen Erlebniswald?	Ene-mene-miste. Der Wald geht in die Kiste. Das Wetter ist so schön, dass wir heut baden gehn.

Vorschulkinder erwarten, dass sie von uns positiv motiviert werden – also nicht durch Sanktionen manipuliert, sondern durch Optionen angeregt werden. Die freudige Erwartung steht im Mittelpunkt und nicht der drohende Konflikt. Insofern erübrigen sich Diskussionen. Die Kinder können zwar diskutieren, aber es bereitet ihnen keine Freude, weil ihnen die Urteilsfähigkeit über dasjenige abgeht, was alles mit einer Entscheidung verbunden ist. Warum?

Vorschulkinder können logische Zusammenhänge noch nicht so kombinieren wie wir. Wenn sie kombinieren, dann geschieht das über die Nachahmung des Verhaltens Erwachsener.

Sie können weder Zeiträume noch geographische Entfernungen erfassen und entsprechend darauf reagieren. Bei der Orientierung in Zeit und Raum sind sie auf unsere Hilfe angewiesen. Das merken wir spätestens dann, wenn wir eine fünfstündige Urlaubsreise antreten und die Kleinen nach fünf Minuten fragen, wann wir denn endlich angekommen sind.

Wenn eine Mahlzeit für ihre Begriffe unappetitlich aussieht oder riecht, können sie sich nicht vorstellen, dass sie trotzdem gut schmeckt. Selbst eine Kostprobe würde sie nicht überzeugen.

Sie fühlen sich durch Argumente eher überrumpelt, als überzeugt. Oft geben sie nach, weil die Liebe zu den Eltern mehr zählt, als das Durchsetzen eigener Willensimpulse. Dadurch erleben die Kinder eine innere Frustration. Der Wille der Eltern muss doch eigentlich mit dem ihrigen übereinstimmen. Das aber ist beim Diskutieren nicht der Fall.

Deshalb genießen sie es, wenn sie beim Backen, Waschen, Putzen und Basteln mitagieren können und dabei eine ihrem Alter entsprechende Selbstwirksamkeit erleben. Das schließt sie in einen für sie sinnstiftenden Zusammenhang ein, der mit uns Eltern ein harmonisches Miteinander bildet.

Selber machen bis an die Schmerzgrenze

Manches, was wir für unsere Kinder veranstalteten, geschah in bester Absicht, schoss vielleicht aber auch über das Ziel hinaus. Dazu ein Beispiel: Weil wir davon ausgingen, dass alles für die Kinder nachvollziehbar sein sollte, fingen wir an, einen Ofen zu bauen und darin Brot zu backen.

Wir agierten aber nicht immer handwerklich perfekt, so dass manches Brot ein wenig rußig mundete – was unseren Töchtern bis heute in kaum erfreulicher Erinnerung verblieben ist. Auch war nicht jedes selbst gemachte Spielzeug praktikabel. Zwergenhöhlen aus Holz müssen schon einen gewissen Charme haben und nicht wie das Empire State Building aussehen.

Was unsere Töchter aber realisierten, war unser Bemühen, in Bereichen eine Kompetenz zu erlangen, die uns ferner lagen als die äußersten Galaxien des Universums. Über die Versuche, selber Möbel zu basteln, sollte hier gerade mal so viel gesagt sein, dass ich zurzeit an einem jener Schreibtische hocke, die für unsere Töchter gebastelt wurden. Sie haben mir dieses Möbel gern überlassen… Was wir mit unseren Bemühungen vermittelten, war der Mut und die Beharrlichkeit, mit der die Dinge aufgegriffen und realisiert wurden. Es blieb nichts halbfertig stehen, obwohl bei manchen Erzeugnissen das Stadium des Unvollendeten unseren Töchtern sehr entgegengekommen wäre. Auch verkniffen wir uns die Selbstverliebtheit in unsere Produkte; vielmehr lasen wir die Wirkung an den Kindern ab.

Diese honorierten das mit einem größtmöglichen Maß an altersentsprechender Akzeptanz, als Schulkinder sogar mit einer wohlwollenden Anerkennung unserer Leistung. Eine Ausnahme bildeten die textilen Erzeugnisse meiner lieben Frau. Sie waren nicht nur schön, sondern auch praktisch und wurden entsprechend geschätzt.

Bahnhofshalle oder Kindergarten

Mit knapp vier Jahren sollte Christina nun endlich in den nächstgelegenen Kindergarten gehen. Wir hatten sie dort schon vor einem Jahr angemeldet – was damals eine astronomisch lange Wartezeit war. Nachbarskinder waren später angemeldet, aber vor Christina im besagten Kindergarten aufgenommen worden.

„Kannst du mal nachfragen, was da los ist?", bat mich meine Frau. Ich nahm die Gelegenheit wahr, einige Nachbarkinder zu diesem Kindergarten zu bringen. Der Flur, in dem die Kleinen ihre Jacken und Straßenschuhe ablegten, hatte den Charme einer Bahnhofshalle – kein Wandschmuck, nichts Schalldämmendes, so dass die Kinderstimmen schrill durch den Raum schepperten – dazu die helle Stimme einer Erzieherin. Irgendwie war ich froh, dass unsere Kinder hier offenbar nicht gewollt waren. Dennoch fragte ich nach.

„Wir prüfen das und melden uns wieder", lautete die lakonische Antwort. Auf die Rückmeldung warten wir heute noch. Es hat uns niemand verraten, ob man Mitglied irgendeines Vereins, einer wie auch immer gearteten Innung oder eines Verbandes sein musste, um hier einen Kindergartenplatz zu ergattern, die Bahnhofshalle wollte uns nicht haben…

Wir bekamen den Tipp, dass es in vier Kilometer Entfernung einen Waldorfkindergarten gab. Nach einem Informationsgespräch über die Grundsätze der Waldorfpädagogik waren wir verwundert, dass unsere bisherige Erziehung mit den Zielen dieser Pädagogik übereinstimmten. „Das passt doch", meinte meine liebe Frau, und wir meldeten Christina an. Sie wurde innerhalb eines Monats aufgenommen. Das sollte dann wohl so sein…

Die Erzieherinnen fanden sofort einen Draht zu Christina, so dass am ersten Kindergartentag zwar Abschiedstränen flossen, aber am zweiten Tag weinten dann nur noch wir – vielleicht aus Eifersucht, weil unsere „Große" so selbstverständlich ihre Gruppe aufsuchte. Aus dem Kindergarten brachte sie schon bald verschiedene Lieder und Spiele mit. Auch malte sie mit größter Hingabe – wobei uns die Wachsmalblöckchen wegen ihrer klobigen Form ein wenig befremdlich vorkamen. Doch überzeugte uns der geschickte Umgang Christinas mit diesen „Steinzeitgriffeln". Die Bilder zierten nämlich schon bald die Wände unserer Wohnung. Ja, die kleine Anke, nunmehr knapp zwei Jahre alt, begann auch zu malen – im Gegensatz zu Christinas zart angelegten Bildern, fest konturiert und prall in den Farben. Sie wurde dann schon mit knapp drei Jahren im Waldorfkindergarten aufgenommen.

Die Kinder spielten bei uns zu Hause jene Märchen nach, die sie im Kindergarten als Puppenspiel miterlebt hatten. Dabei musste jedes Wort genau mit dem übereinstimmen, was die Erzieherinnen vorgetragen hatten. Das fand ich interessant. Wenn ich nämlich aus dem Stegreif eine selbst erfundene Geschichte erzählte, und die Kinder am folgenden Tag eine Wiederholung wünschten, musste ich den Inhalt nicht wortgetreu wiedergeben. Die Kinder konzentrierten sich nämlich auf meine innere Bilderzeugung, die ich beim Erzählen leistete. Offensichtlich konnten sie mitvollziehen, was sich in meiner Seele abspielte. Und sie fanden es spannend, wie ich meine innerlich hervorgebrachten Bilder in Worte fasste. Wenn aber dieses schöpferische Erzählen aus der eigenen Phantasie nicht stattfand, musste das einmal Vorgetragene immer wortgetreu wiederholt werden.

Erzähl mir eine Geschichte

Wenn Sie, verehrte Leserinnen und Leser, sich dadurch aufgefordert sehen, selber Geschichten zu erfinden, werden Sie bestimmt einwenden, dass Ihnen dazu das Werkzeug fehlt. – Da irren Sie sich gewaltig. Fangen Sie einfach mit Erzählungen aus ihrer Kindheit an und lassen sie Ihr Kind bzw. Ihre Kinder an Ihren Erinnerungen teilhaben. Die lauschenden Kleinen werden Ihren Erzählfluss so beschleunigen, dass sich wie von selbst ein Schuss belebender Phantasie hineinmischt …

Schon bald werden Ihre Kinder immer wieder nach einer Geschichte verlangen – mal vorgelesen, mal frei erzählt.

Beim Erzählen aus der Phantasie setzen Sie Handgesten ein, oder lassen sie Ihren Händen freien Lauf. Dann fällt Ihnen schneller etwas ein. Außerdem können Sie die Geschichten auf dem Weg zur Arbeit oder bei einem Spaziergang vorkonzipieren. – Auch braucht man einen Bezug zum Kind. Dieser speist sich aus dessen Vorlieben – zum Beispiel die Freude an Bärengeschichten. Darüber hinaus kann eine pädagogische Zielsetzung einfließen.

Bei der folgenden Geschichte handelte es sich um einen vierjährigen Jungen, der eine panische Angst vor dem Klettern auf Kinderspielplätzen hatte. Ein Spielgerät bereitete ihm besondere Schwierigkeiten: Es handelte sich um ein etwa 1,70 Meter hoch gelegenes Spielhäuslein, das entweder über eine Leiter oder über eine Kletterstange zu erklimmen war. Von letzterer konnte man auch wieder vom Häuslein herunterrutschen. Der Junge war nicht zu motivieren, dieses Häuslein zu erklimmen, schon gar nicht an der Kletterstange herunter zu rutschen. Dazu ersann ich folgende Bärengeschichte:

Bernie, der kleine Bär, war gerade mal ein halbes Jahr alt. Das ist bei Bären so viel wie bei den Menschen vier Jahre. Damit war Bernie schon ein richtiger Bärenjunge, aber er lag immer noch an der Brust seiner Mutter und schmuste mit ihr. Papa Bär gefiel das nicht: „Es wird Zeit, dass du klettern lernst, mein Junge.“

„Warum das denn?“, wunderte sich Bernie. „Bei Mama ist es viel schöner.“

„Wir haben Sommer, und wenn du bis zum Herbst nicht das Klettern gelernt hast, lernst du es niemals mehr.“

Bernie sah ein, dass sein Vater Recht hatte.

„Ja, Papa! Dann sollten wir jetzt gleich damit anfangen.“

Papa Bär nahm seinen Sohn an die Hand und trottete mit ihm ihn in den Wald. Dort hielt er nach einem Kletterbaum für Bärenkinder Ausschau. Und er fand eine schöne Eiche, nicht zu dick und nicht zu hoch. Papa Bär drückte seinen Sohn gegen den Stamm und gab ihm einen Klaps auf den verlängerten Rücken.

„Klammere dich daran fest und klettere hoch, mein Junge!“ Der kleine Bär rührte sich aber nicht.

„Was ist los, Bernie? Willst du nicht hochklettern?“

„Ich weiß nicht, wie das geht.“

„Ich zeig es dir“, brummte Papa Bär. Er kletterte behände hoch und setzte sich auf den nächstbesten Ast, der ihn tragen konnte.

„So geht’s! Mach es einfach nach! Das können alle kleinen Bären!“ Bernie versuchte es. Als er aber ein Stück geklettert war, glitt er mit den Hinterläufen von der Rinde ab und hing wie ein geplatzter Luftballon am Stamm.

„Was ist los, mein Kleiner?“, fragte sein Vater.

„Es geht nicht!“ Papa Bär kletterte wieder herunter. Er klemmte Bernie unter seinen rechten Arm und erklomm mit ihm gemeinsam den Baum.

„Schau dir genau an, wie ich mich jetzt bewege. Das musst du einfach nur nachmachen.“ Gemeinsam mit Bernie erklomm er den Wipfel des Baums. Der kleine Bär war aber mehr damit beschäftigt, sich am Fell seines Vaters festzuklammern, als ihn beim Klettern zu beobachten. Als sie auf dem Wipfel angelangt waren und Bernie hinunterschaute, wurde es ihm schwindelig.

„Können wir nicht an einem kleineren Baum üben?“ Papa Bär runzelte seine Stirn.

„Solch ein Hasenfuß will mein Sohn sein?“ Bernie bettelte aber:

„Such einen kleineren Baum aus.“ Papa Bär klemmte ihn unter seinen Arm und kletterte wieder herunter. Dann suchte er nach einem Baum zum ‚Klettern-Lernen-für-Angsthasen‘, fand aber keinen geeigneten Baum. Stattdessen blieb er vor einer alten Fichte stehen.

„Ist die gut?“ fragte er seinen Sohn. Bernie traute sich nicht zu widersprechen.

„Die ist großartig!“ Papa Bär nickte zustimmend und meinte:

„Gut, mein Junge! Ich halte dich an den Hüften, damit du bequem in die Krone klettern kannst.“ Er packte den kleinen Bären an den Hüften und schleuderte ihn im hohen Bogen durch die Luft. Während Bernie im Wipfel der Fichte landete, brummte Papa Bär: „Wenn du nicht klettern lernen willst, musst du halt fliegen.“ Bernie klammerte sich an den Stamm der Fichte.
„Hilfe, Papa!“, rief er. „Wie komme ich wieder herunter?“
„Du musst nur von Ast zu Ast hinabsteigen!“ Bernie nickte.
„Ich fang dann mal an…“ Er tastete mit seinen Hinterläufen nach einem Ast, fand aber keinen Halt.
„Mehr rechts, mein Junge!“ Bernie trat aber daneben. Seine Arme wurden länger und länger.
„Dann rutsch einfach ein Stück herunter, bis du einen Ast gefunden hast, der dich hält!“ Der kleine Bär lockerte seinen Griff vom Stamm der Fichte und rutschte glatt durch. Dabei knickte sein breiter Hintern alle vertrockneten Äste und Zweige ab. Das lebendige Holz dagegen bog sich ein wenig und verblieb am Stamm. So landete der kleine Bär wohlbehalten auf einem Haufen Totholz.
„Jetzt hast du den ganzen Baum kaputt gerutscht!“, schrie Papa Bär und raufte sich mit den Pranken die Brusthaare. Bernie beteuerte aber: „Die lebendigen Äste sind doch noch dran!“ –
„Das stimmt“, brummte Papa Bär. „Eigentlich sieht die Fichte jetzt viel besser aus.“
In der Aufregung war es ihm und Bernie nicht aufgefallen, dass Förster Wildgruber sie schon eine ganze Weile beobachtet hatte.
„Die Rutschpartie war gar nicht übel“, meinte er und nickte dem kleinen Bären wohlwollend zu.
„Das soll nicht übel gewesen sein?“, meckerte Papa Bär. Der Förster legte seine rechte Hand auf die Schulter des Zottelmanns.
„Ich fand es genial, wie dein Sohn die toten Äste vom Stamm geholt hat. So sauber hat bisher noch keine Fichte in meinem Wald

ausgesehen. Das könntet ihr auch bei den anderen Fichten so machen."

„Das tut aber weh!", jammerte Bernie. Er rieb sich sein Hinterteil, in dem noch einige Splitter vom Totholz steckten.

„Ich gebe dir eine Lederhose und eine Lederjacke. Die kannst du anziehen. Dann piksen die Äste nicht mehr." Damit war der kleine Bär einverstanden. Der Förster besorgte ihm eine alte Lederhose und eine passende Lederjacke dazu. Bernie zog die Sachen an. Dann warf ihn sein Vater in den Wipfel der nächsten Fichte. Nach zwei Stunden hatten Papa Bär und sein Sohn 100 Fichten gesäubert. Der Förster gab ihnen dafür 10 Gläser Honig. Stolz kehrten die Bären am späten Nachmittag in ihre Höhle zurück.

„Was habt ihr so lange getrieben?", fragte Mama Bär.

„Wir haben von den Fichten das Totholz heruntergeholt", erklärte Bernie.

„Hast du dabei das Klettern gelernt?"

„Nein. Papa hat mich hochgeworfen."

„Warum das denn?"

„Das ging schneller. Außerdem haben wir vom Förster 10 Gläser Honig dafür bekommen!" Nun war auch Mama Bär davon überzeugt, dass die Beiden etwas Gutes zustande gebracht hatten. Sie schraubte den Deckel von einem Glas ab und genoss den Inhalt gemeinsam mit ihrem Mann und Bernie. Danach begann der kleine Bär, gedehnt zu gähnen.

„Es ist Zeit, ins Bett zu gehen. Hopp, hopp!", rief Mama Bär. Sie schubste Bernie ins Schlafzimmer. Dort bekam er noch eine Honigwabe zu essen. Dann löschte Mama Bär das Licht, und der kleine Bär schlief schnurstracks ein. –

Der Junge hörte sich die Geschichte an, bezog sie aber nicht auf sich. Ja, er amüsierte sich über die Ungeschicklichkeit des kleinen Bären. Ich musste ihm die Geschichte immer wieder erzählen. Dabei konnte ich sie weiter ausschmücken. Eine Woche nach der ersten Erzählung traute sich der Junge, das Spielhäuslein über die Leiter zu erklimmen. Auch gelang es ihm, mit meiner Unterstützung an der Kletterstange herunter zu rutschen. Dabei zog er von sich aus die Analogien zu dem kleinen Bären und erklärte mir, dass er sich doch viel geschickter angestellt habe als dieser. Die Geschichte musste ich nicht mehr erzählen – dafür aber andere Bären-Geschichten.

So können wir den Kindern viele Gleichnisse nahebringen, bei denen es um die Überwindung von Angst, aber auch von Aggressionen geht. Wenn das Ferkelchen Urs keine Schnürsenkel binden kann, dann wird die kleine Anke es sicherlich besser machen. In einer anderen Geschichte hatte der kleine Paul einen Kobold namens Ondradek in den Haaren. Der redete ihm allerlei Unfug ein. Mama hatte aber ein Gegenmittel, das den Ondradek verscheuchte. Sie kämmte die Haare ordentlich aus. Mama fing den Kobold auf und setzte ihn in den Blumenkasten. Dort hilft er heute noch den Pflanzen beim Wachsen.

Für Vorschulkinder nicht geeignet sind die sogenannten moralischen Geschichten, die im zweiten Lebensjahrsiebt erzählt werden, wenn Kinder Probleme mit dem Einhalten von moralischen Prinzipien haben. Diese Geschichten beschreiben deutlich ein moralisches Fehlverhalten – wie z. B. das Stehlen – und zeichnen auf, dass dieses Fehlverhalten zu eklatanten Misserfolgen führt. Diese Geschichten sollen die Anbindung an die wertbestimmende Persönlichkeit der erzählenden Person stärken und die Akzeptanz des Kindes gegenüber vorgegebenen Regeln wecken. Dadurch wird die später einsetzende Urteilsfähigkeit langfristig angebahnt. Das Vorschulkind sucht diese Bindung noch nicht, sondern es akzeptiert wie von selbst über die Nachahmung dasjenige, was Erwachsene ihm vorgeben und vorleben. Es würde das schlechte Verhalten, das in den moralischen Geschichten beschrieben wird, eher nachahmenswert finden als ihm gegenüber eine Distanz aufbauen.

Kindgemäße Urlaube

Schließlich wurden auch unsere Urlaube nach den Kindern ausgerichtet. Wahrscheinlich wäre ein Flug nach Antalya oder Mallorca ein echter Knaller gewesen. Während Mama und Papa am Pool liegen und sich unter vergnüglicher Dauerbeschallung im Disco-Modus den Sangria reinziehen, werden die lieben Kleinen im Rahmen eines Gruppenevents für Zwerge professionell bespaßt. – Das wäre für unsere Kleinen eine heillose Überforderung gewesen.

Stattdessen fuhren wir zu meiner Tante aufs Land. Sie lebte in einem Dorf, wo man die Menschen bei der Arbeit beobachten kann und die alten Leute aus dem Fenster blicken und jeden, der vorbeikommt, fragen, was er denn heute vorhabe. Unsere Kinder lernten Menschen kennen, die ein Interesse an ihnen hatten. Sie konnten ungestört in Bächen, auf Wiesen und an alten Gemäuern spielen.

Nachdem unsere Töchter die Schulreife erlangt hatten, wechselten wir vom Tanten-Urlaub zu einem Hof, wo sieben Familien mit insgesamt über 20 Kindern im Alter von drei bis 15 Jahren einen interaktiven Urlaub mit Reiten, Tierpflege, Rudern, Angeln und Kunstkursen verbrachten.

Mit der Pubertät äußerten unsere Töchter von sich aus das Bedürfnis, mit anderen Jugendlichen gemeinsam den Urlaub zu organisieren. So radelte Christina mit einer Freundin durch die Niederlande. Sie und Anke engagierten sich in der heimischen Ortsgruppe der Naturschutzjugend und wanderten als junge Erwachsene gemeinsam mit ihren Freunden von Bergen in Norwegen zur schwedischen Ostküste hinüber. Offenbar hatten die Urlaube in einem behüteten Umfeld nicht zu einer Entfremdung der Welt gegenüber geführt…

Die Lebensprozesse

Man könnte das bisher Beschriebene als eine kindorientierte bzw. kindzentrierte Erziehung bezeichnen. Mit der Waldorfpädagogik ist aber mehr verknüpft. Wir werden uns im Folgenden drei Hauptthemen zuwenden, und das erste dieser Hauptthemen sind die Lebensprozesse.

In den ersten sieben Lebensjahren setzt sich das Kind mit dem, was es körperlich geerbt hat, intensiv auseinander. Die oft beeindruckende Ähnlichkeit des Säuglings mit den Eltern und anderen Ahnen, verweist auf die Erbkräfte, die das Kind von den Eltern erhalten hat. Die Eltern vererben u. a. den physischen Leib. Sie bilden aber auch eine Hülle, aus der das Kleine seine Lebenskräfte und sein Seelenleben aktivieren kann. So muss der physische Leib durch die Lebenskräfte vom Kind erst einmal individualisiert bzw. so durchgeformt werden, dass der Körper für die persönliche Entwicklung eine Grundlage bildet. Der Zahnwechsel im sechsten und siebten Lebensjahr ist eines der äußerlich wahrnehmbaren Symptome für diese Individualisierung. Kinderkrankheiten sind ggf. die Begleiterscheinungen dafür, dass etwas umgewandelt wird. Wer ein wenig genauer hinschaut, wie das Kind vor einer Erkrankung und danach in Erscheinung tritt, kann ggf. intime Veränderungen feststellen.

Die Individualisierung vollzieht sich über die Lebensprozesse. Sie halten den Körper des Kindes nicht nur ‚im Betrieb', sie fördern auch die Entwicklung und verlebendigen dasjenige, was im Kontakt mit der Außenwelt als Eindrücke aufgenommen wird. Am besten versteht man das, wenn die Lebensprozesse im Einzelnen vorgestellt werden:

Das Leben in Rhythmen

Die Gewohnheiten der Eltern prägen die Lebensrhythmen der Kinder. Deshalb pflegen wir die gemeinsamen Mahlzeiten, ebenso den regelmäßigen Rhythmus von Schlafen und Wachen oder den Wechsel von Entäußerung und der Aufnahme von Eindrücken. Gerade das Letztere ist heute kaum noch gebräuchlich. Viele Menschen überschütten ihre Umgebung fortlaufend und ungefragt mit Informationen. Unbewusst setzen sie darauf, dass sie ihr Gegenüber damit in ihrem Sinne beeinflussen können. Dazu gehört es, dass sie nicht abhorchen, ob ihre Äußerungen gewünscht oder gar erträglich sind. Die ständige Beschallung mit Medien steigert diese Tendenz zur Berieselung.

Als unsere Töchter noch klein waren, schalteten wir nicht nur den Fernseher, sondern auch das Radio ab. Bei Gesprächen überlegten wir erst einmal, was wir entäußern wollten. Also: Erst denken, dann reden – und nicht umgekehrt. – Wenn man das ernsthaft übt, staunt man, wie spontan und ideenreich Gespräche sein können. Die Kinder spielen dann gern in der Nähe von Erwachsenen, die sich in dieser Weise austauschen, und erfassen so manches, was sie vielleicht erst Jahre später über die Kognition reflektieren können, dann aber in einer ausgesprochen sinnstiftenden Weise, denn sie haben durch die Rhythmisierung der Erwachsenengespräche gelernt, wie man kommuniziert.

Durch den geregelten Schlafrhythmus der Kinder hatten wir abends um 19 Uhr Eltern-Feierabend. Die Kleinen waren es ja gewohnt, um diese Zeit im Bett zu liegen. Weil wir uns diesbezüglich keine Ausreißer leisteten, funktionierte es. So stand, da der Kindergarten damals schon um 12 Uhr endete, jeden Mittag das Mittagessen auf dem Tisch. Auch gab es jeden Morgen um sechs Uhr das Frühstück. Das war anstrengend, da wir beide einem Beruf nachgingen und die dort herrschenden Rhythmen mit einarbeiten mussten. Doch gelang es jeden Tag aufs Neue.

Wenn sich die Kinder in einen verlässlichen Rhythmus eingelebt haben, können sie in der Schule den Wechsel zwischen dem Ergreifen von Eindrücken und deren innerer Verarbeitung wie von selbst vollziehen. Sie können ihre Aufmerksamkeit richten und aus innerem Antrieb all das Ergreifen, was ihnen im Unterricht angeboten wird.

Das durchwärmte Leben

Mit dem Begriff der Waldorfpädagogik wird landläufig das Kind in zart rosa bzw. tristen Wollkleidern und mit einer graugelben Leibwäsche aus dem hochgelobten Woll-Seide-Gemisch verbunden. Da die Kinder keine Antibiotika bekommen, trieft fortlaufend die Nase und der Ausdruck der Augen ist ebenso besorgt und weltpessimistisch wie die Haltung der Eltern gegenüber der Zivilisation. Soweit die Vorurteile.

Tatsächlich strickte meine liebe Frau für unsere Töchter Socken und Pullover, in denen die Kleinen einfach niedlich aussahen. Dabei war es wichtig, dass die Kinder warm angezogen waren. Das testeten wir an der Temperatur der Finger, der Nasenspitze, der Ohren und der Stirn. Dazu gab es immer einen Spruch, wie diesen:

Fühl ich kalte Finger,
wärm mit Handschuhn' diese Dinger.
Frieren deine Ohren,
hast die Mütze du verloren.
Sind erstarrt die Nasenspitzen,
lass den Schal nur darauf sitzen.
Ist die Stirn dann auch noch Kalt,
zieh die Mütze tiefer halt.
Nur die Augen sind noch frei.
Bald schon gibt es Hirsebrei…

Die Aussicht auf ein wohlig warmes Essen war immer ein Hochgenuss im Vorgriff. Deshalb wurde hin und wieder ein Essenshinweis in den Spruch eingefügt.

Was Kinder nicht vertragen, ist ein nörgelndes und pedantisches Nachhalten von Kleiderordnungen. Das staut den Willen und engt die Freude an der Bewegung ein. So haben wir beim Ankleiden ebenfalls diverse Sprüche eingesetzt – so auch beim Anlegen eines Schneeanzugs:

Wollen erst die Beine schlüpfen,
musst du in die Röhren hüpfen.
Ziehst das Ganze du dann hoch,
findest du das Ärmelloch.
Erst das rechte, dann das linke.
Hand ist da! Mach winke, winke!
Und zum allerletzten Schluss,
zieh noch hoch den Reißverschluss.

Hätten wir stattdessen die Gebrauchsanweisung des Herstellers vorgelesen, wären die Kinder in ihren Anzügen vor Kälte erstarrt oder vor Widerwillen verglüht. So aber haben unsere Töchter schon auf den Spruch gewartet und beim Ankleiden einen Riesenspaß gehabt. Dass diese Sprüche ab dem neunten Lebensjahr verdreht und parodiert werden, ist Bestandteil einer gesunden seelischen Entwicklung.

Mit dem warmen Essen, der warmen Kleidung und warmer Bettwäsche stand stets die warme mentale Begleitung in Verbindung, denn unser herzliches Interesse an einer guten Durchwärmung sicherte erst die Wirkung der Maßnahmen. Dazu gehörte auch die Freude. Kinder sind von Haus aus weltoffen und neugierig. Damit setzen sie die Aufgeschlossenheit der Erwachsenen voraus. Verbindet sich diese mit Freude, ist alles in körperliche wie auch seelische Wärme getaucht. Dazu ein Beispiel: Ich habe schon als Jugendlicher eine Weihnachtsbaumallergie entwickelt. Ich rechnete jedem, auch denjenigen, die es nicht wissen wollten, vor, dass in Deutschland, eine Fläche von 50 mal 10 Kilometern (500 Quadratkilometer) für die Aufzucht von Weihnachtsbäumen blockiert wird. Weil mir dieser

Flächenverbrauch nicht einsichtig erschien, erbat ich bei meiner Frau einen Weihnachtsbaumkonsumverzicht. Den ließ sie aber nur so lange zu, wie unsere Kinder nicht nach einem Weihnachtsbaum verlangten. Als unsere Kleinen bei den Nachbarn einen Weihnachtsbaum sahen, war es dann soweit. Sie wünschten sich einen Baum. Also zog ich zähneknirschend los und beschaffte die obligate Tanne – wie ich insgeheim ausrechnete, zu neun Quadratmeter Flächenverbrauch auf sieben Jahre. Als ich das gute Stück durchs Treppenhaus zu unserer Wohnung ins erste Obergeschoss hinaufschleifte und dabei vor mich hin grummelte, öffnete unsere knapp dreijährige Christina unvermittelt die Wohnungstür und rief:

„Danke, Papa, dass du den Baum geholt hast!"

Mir wurde es warm ums Herz, und ich konnte mich nun auch über den schönen Baum freuen. Als die Kinder dann groß waren, wurde der Weihnachtsbaumkonsumverzicht erneut eingeführt. Unsere Enkel haben ja zuhause einen Baum…

Die seelische und körperliche Wärme dient später beim Lernen in der Schule als Grundlage für die Entfaltung eines nachhaltigen Interesses an den Lerninhalten. Das Kind lebt in einer positiven inneren Erwartung, denn es ist gespannt darauf, wie sich in der Folge der Umgang mit dem Lerninhalt ‚anfühlen' wird.

Wir ernähren uns

Eine gesunde Ernährung ist sehr wichtig, aber kein Selbstzweck oder gar ein ideologisch überhöhtes Gut. Kinder mögen Sätze wie „Das ist gut für dich!" oder „Das ist gesund!" gar nicht. Auch vertragen sie nicht unbedingt hauchzart angedünstetes Gemüse (al dente) oder naturtrübe Säfte, in denen die Gärung schon eingesetzt hat. Hält man dagegen seine Kinder in den ersten sieben Lebensjahren von übersüßten Speisen, Frittiertem und durch Geschmacksverstärker Aromatisiertem fern, schult man ihren Sinn für dasjenige, was sie vertragen. Das wollen sie auch – selbst wenn

Babynahrungskonzerne und Süßwarenhersteller anderer Meinung sind.

Ebenso können bestimmte Gesprächsthemen beim Essen zu einer Verweigerung von Nahrungsmitteln führen. Wenn man sich z. B. beim Verzehr eines leckeren Blattsalats über Schnecken unterhält, die ggf. darin gehaust haben, leben sensible Kinder gleich in der Vorstellung, dass eine Nacktschnecke über ihren Gaumen gleitet. Das Erlebnis wiederholt sich in der Folge jedes Mal, wenn Salat aufgetragen wird.

Häufig entscheidet schon der Geruch einer Speise darüber, ob ein Kind sie verträglich oder ungenießbar findet. Kohlgeruch ist nur bedingt für Kindernasen geeignet. So kann Sauerkraut allein durch seinen Duft manchem Kind Übelkeit verursachen. In solchen Fällen sollte man darauf verzichten, das Kind eine Probeportion kosten zu lassen. Nicht selten greift es einige Jahre später oder auch erst mit der Pubertät von sich aus nach dem Kraut.

Oft vergessen wir, dass gute Luft, aber auch der Anblick der Natur und schön gestalteter Dinge den Menschen ernähren – und zwar über die Lungen wie auch über unsere Sinnesorgane. Selbst beim Speisen isst das Auge bekanntlich mit. Das bekam ich zu spüren, als ich für unsere Töchter das Mittagessen zubereitete. Da es schnell gehen musste, wurde manches, was eigentlich unzerstört serviert werden sollte, püriert bzw. zu Brei verarbeitet. Anke quittierte den Anblick der grauen, manchmal auch hellroten Masse geringschätzig, aß aber mit großem Appetit. Nachdem sie längere Zeit meine Kochkünste ertragen hatte, bemerkte sie: „Papa, was du kochst, sieht bescheiden aus, aber es schmeckt."

Wir haben häufig mit den Kindern gemeinsam gekocht und gebacken. Das hat so nachhaltig gewirkt, dass sich auch unsere tlw. schon erwachsenen Enkel gern in diesen Künsten üben und dabei Beachtliches zustande bringen. Eine Beziehung zur eigenen Ernährung zu finden, ist nach meiner Auffassung Sinn der Waldorfpädagogik.

Das schließt aber auch die Frage mit ein, woher die Lebensmittel, die wir verarbeiten, stammen und wie die Haltung von Tieren und der Anbau von Feldfrüchten geregelt ist. Das hat der Leiter einer biologisch ausgerichteten Molkerei einmal treffend formuliert: „Wenn Sie biologisch zertifizierte Milch und Milchprodukte genießen, tun sie etwas für die Umwelt aber auch für das Tierwohl." Indes vergaß er noch zu erwähnen, dass die Produkte oft auch besser schmecken und ggf. sogar bekömmlicher sind.

Tischgebete sind für Menschen, die mit den christlichen Konfessionen nichts anfangen können und/ oder agnostisch sozialisiert sind, problematisch. Dennoch erscheint es sinnvoll, jede Mahlzeit mit einer Besinnung auf den Ursprung der Speisen zu beginnen und ggf. auch zu beenden. Es gibt u. a. von Christian Morgenstern sehr schöne Sprüche, die nicht christlich prätentiös angehaucht, aber sehr treffend sind. Sie wecken die eigenen Andachtspotenziale und diejenigen der Kinder.

Der Lebensprozess der Ernährung bildet im späteren Schulleben die Grundlage für das Aneignen von Eindrücken, auf die man seine Aufmerksamkeit gerichtet und für die man sich interessiert hat. An diesem Punkt sei festgestellt, dass die Eindrücke nicht in den Menschen hineinfallen wie in einen Eimer, sondern der Mensch muss die Dinge bewusst ergreifen, wenn er die Eindrücke später gezielt erinnern und mit anderen Eindrücken vergleichen will. Beim Vorschulkind wirken Eindrücke überwiegend leibbildend, beim Schulkind verwandeln sie sich in Grundlagen für Erinnerungsvorstellungen, auf die das Kind nach Belieben zurückgreifen kann.

Sich etwas zu eigen machen, oder es aussondern – die Individualisierung

Schmecken, riechen, ggf. auch tasten und beäugen sind die Grundlagen für das Akzeptieren dessen, was wir uns einverleiben. Das erfolgt ja bei Vorschulkindern weitaus elementarer als bei

Erwachsenen. Oft können wir uns nach Jahrzehnten anhand eines Geruchs erinnern, was in der Kindheit damit verbunden war – eine Begegnung, ein Ort, eine Handlung. Manches „schmeckt" wie früher, und jeder kennt die visuelle Reklamation von Opa Hoppenstedt: „Früher war mehr Lametta!"

Ob ein Vorschulkind etwas als leibbildend akzeptiert oder es wieder aussondert, obliegt ihm selbst. Das geschieht aber nicht bewusst, sondern auf der Ebene der Lebenskräfte. Dort wird ein Eindruck individualisiert, oder er wird verworfen. Es gibt aber auch Eindrücke, die umgehen den Individualisierungsprozess und schleichen sich unmittelbar ein. Das sind zum Beispiel Vergiftungen. Stoffe, die nicht in körpereigene Substanz verwandelt werden können und dennoch in die Blutbahn geraten, wirken zerstörerisch. So reagiert ein Kind, das eine giftige Pflanze verspeist hat, mit spontanem Erbrechen oder, wenn die Stoffe weiter eingedrungen sind, mit Durchfall. Zu diesen Stoffen gehören auch Süßungsmittel bzw. synthetische Zuckerersatzstoffe. Für diese Chemikalien hat der menschliche Körper nicht die Kompetenz, sie in körpereigene Substanzen zu verwandeln. Deshalb schwimmen sie in uns als Fremdkörper herum. Oft verursachen sie erst nach Jahren Verdauungsbeschwerden, ohne dass die betroffenen Menschen einen Zusammenhang damit erkennen.

Es gibt andere Eindrücke, die zu unmittelbaren Abwehrreaktionen führen. So halten sich übersensible Kinder mit den Händen ihre Ohren zu, um den schrillen Klang einer Singstimme abzuwehren. Aber auch übermächtige Vorstellungen können Abwehrreaktionen hervorrufen. Wird ein Grimm'sches Märchen, das eigentlich ruhig erzählt werden will, dramatisch aufgeführt und ggf. noch mit Brutalitäten ausgeschmückt, überfordert das die Kleinen. Es dringt etwas in ihre Seelen ein, was kontaminierend wirkt.

Kontaminierend wirkt auch der Fernseher. In der Sinneswirklichkeit greifen wir mit unseren Lebenskräften nach einem Wahrnehmungsobjekt, damit wir es wortwörtlich gewahren. Jeder Wahrnehmungsakt ist eine Anstrengung, die unbewusst abläuft. Auch ist er ein ständiger Wechsel zwischen Erfassen und Verinnerlichen. Dieser Prozess läuft bei der visuellen Wahrnehmung innerhalb einer Sekunde etwa 15mal ab.

Das ist ein vermeintlicher Schwachpunkt, den sich die Technik zunutze macht. Worin diese Schwäche liegt, kann man wunderbar an einem Daumenkino nachverfolgen. Blättere ich die Bilderfolge langsam ab, kann ich Bild für Bild beobachten. Ich nehme aber nicht die Bewegung in der Abfolge wahr. Blättere ich schneller ab, kann ich zwar die einzelnen Bilder nicht mehr erfassen, aber ich erlebe die Bilderfolge bzw. die darin liegende Bewegung. Meine Wahrnehmungsverarbeitung kann also gleichsam überholt und dadurch einer Illusion ausgesetzt werden. Das Daumenkino ahmt damit die Geste des echten Films bzw. Kinos nach.

Beim Fernseher tritt noch der Umstand hinzu, dass die Bilder auf der Mattscheibe zeilenweise aufgebaut werden, in Wirklichkeit also gar kein Bild erscheint, sondern nur eine Leuchtpunktfolge. Dieser Prozess läuft aber so schnell ab, dass die Leuchtpunktfolge auf dem Augenhintergrund des Menschen als Bild erfasst wird. Das Bild wird nicht mehr abgegriffen, sondern ins Auge hineingeworfen. Der aktive Anteil der Wahrnehmung fällt damit weg. Das ergibt in der Praxis den ‚Glotzeffekt' beim Fernsehen. Ansonsten tasten nämlich unsere Augen unentwegt das visuell Wahrnehmbare ab – eine anstrengende Tätigkeit, die gerade ältere Menschen erleben, wenn die Augen z. B. beim Lesen schnell ‚müde' werden.

So kann man erahnen, welche Wirkung Fernsehen, Computer und ähnliche Apparaturen auf die Kleinen haben. Sie dringen förmlich über die Augen in den Körper ein und wirken unmittelbar – ohne Individualisierung und die Chance einer Absonderung – auf den Leib. Das Fatale ist weniger die Inkorporation der Sendungsinhalte, als der Umstand, dass die Individualität des betroffenen Kindes lahmgelegt und schutzlos ausgeliefert wird.

Der Lebensprozess der Individualisierung bildet im Schulleben die Grundlage für eine reguläre Entfaltung des Lernprozesses der bewussten Bestätigung dessen, für das man sich interessiert hat, um es in der Folge aufzunehmen. Ohne es verbal zum Ausdruck zu bringen, sagt das Kind zu dem, was es ergriffen hat, „ja" oder „nein". Das ist die Grundlage für die Freiheit, die der Mensch als erwachsene Person erringt. Wenn das Kind aber schon im Vorschulalter durch elektronische Medien daran gehindert wurde, Dinge aus der Außenwelt zu ergreifen und zu akzeptieren und stattdessen die Eindrücke in seine Organisation hineinmanipuliert wurden, ist das Lernen in der Schule erschwert.

Das klingt sehr dramatisch und ist es auch. Das Großartige an unseren Kindern ist aber, dass die Wirkung eines jahrelangen exzessiven Medienkonsums aufgewogen werden kann. Dazu folgendes Beispiel:

Paul besuchte eine Waldorf-Förderschule (L). Seine Eltern dachten, dass er schon im Vorschulalter nachmittags möglichst viel Zeit am Computer verbringen müsse, weil dieses Medium das zeitgemäße Mittel zur Förderung der Kognition sei. Das war durch wohlmeinende Ratgeber vermittelt und von Pauls Eltern guten Glaubens so übernommen worden. Nun war ich Pauls Klassenlehrer und versuchte, die Eltern von einem Medienverzicht zu überzeugen. Das gelang aber nicht. So beließ ich es dabei – nicht ahnend, dass Paul eine Entscheidung über seinen Medienkonsum selber treffen werde.

Bei den einmal wöchentlich stattfindenden Bauernhofbesuchen im Rahmen der Ackerbauepoche des dritten Schuljahres lernte Paul schnell, mit den Tieren umzugehen. Wenn er dann die Kühe, den Esel und die Schweine versorgt hatte, spielte er begeistert mit allen möglichen Naturmaterialien. So bewarfen sich die Kinder gegenseitig mit nassem Lehm, wobei Paul häufig der „Heerführer" einer der beiden „streitbaren Parteien" war. Damit holte er dasjenige nach, was er in seiner Vorschulzeit nicht hatte ausleben können.

Bei einem Streifzug durch ein Wäldchen in der Nähe des Bauernhofes hatte Paul ein Evidenzerlebnis. Er rannte, wie die anderen auch, durch das dichte Gestrüpp. Mit einem Male blieb er stehen und bemerkte:

„Das Rennen durchs Gestrüpp ist wie eine Verfolgungsjagd in meinem Computerspiel. – Aber es ist life!"
Nach diesem Erlebnis wollte Paul nicht mehr am Computer sitzen, sondern draußen im Park mit anderen Kindern spielen. Die Eltern bemerkten, dass es ihrem Sohn dadurch besser ging, und sie akzeptierten diese Veränderung. Wenn wir den Kindern also Angebote machen, die sie beleben und ihre eigene Kraft spüren lassen, haben die Medien keine Chance.

Den Körper bei Kräften halten
Schon das Baby muss die Balance zwischen dem inneren Erleben und der Verbindung zur Außenwelt halten. In den ersten Monaten sorgt die Muttermilch für eine ausgeglichene Bilanz. Sie enthält nicht allein jene Substanzen, die es ausgewogen ernähren, die Nähe zur den Eltern bildet darüber hinaus eine schützende Hülle, aus der sich das Baby im Verlauf seiner Entwicklung bis ins Erwachsenenalter hinein schrittweise lösen kann.
Die Beziehung zur Außenwelt wird dadurch bestimmt, wie ich mich selber ihr gegenüber erhalten kann, ohne mich ihr zu entziehen oder mich in ihr zu verlieren. – Manche Kinder kommen „nicht aus sich heraus". Sie können sich ihrer Gliedmaßen nicht regulär bedienen. Deshalb stürzen sie schnell, manche leiden auch unter Befindlichkeitsstörungen, andere haben kleine Aussetzer ihres Wachbewusstseins. Dann können sie sich nicht an eine Frage erinnern, die man ihnen wenige Augenblicke zuvor gestellt hat. Die Ursache dieser Symptome sind körperliche Unregelmäßigkeiten wie Verhärtungen von Organen oder auch geschwächte Lebensfunktionen. –
Mit diesen Kindern können wir Spiele initiieren, bei denen sie ihren Leib als Instrument ihres Willens intensiv ergreifen können. Unter anderem das Topfschlagen, der Krabbelsack, bei dem das Kind durch Tasten einen Gegenstand erraten soll, oder das

Stelzenlaufen, das gut angebahnt sein will, fördert die Wahrnehmung und deren Verarbeitung in adäquates Handeln.

Ein anderes Thema in Bezug auf die Selbsterhaltung ist das Einengen. Viele Kinder im Vorschulalter können es nicht ertragen, zu enge Kleidung zu tragen oder ein wenig zu liebevoll umarmt zu werden. Sie ringen sich knurrend und murrend frei. Wenn es ihnen gelungen ist, sich zu lösen, wirken sie sichtlich erleichtert.

Es gibt aber auch Kinder, die wollen es eng haben. Ich unterrichtete einen Schüler, der war durch einen Kaiserschnitt zur Welt gekommen und hatte somit nicht das erste elementare Tasterlebnis gehabt. Mika, so heißt er, trug gern enge Hosen. Auch forderte er mich in den beiden ersten Schuljahren immer wieder auf, ihn mit meinem rechten Arm an seiner Brust fest zu umklammern, so dass er sich ringend aus dieser „Klemme" herausschlängeln konnte – wie ein Kind, das sich seinen Weg durch den Geburtskanal bahnt. An diesem Ritual erfuhr Mika stets eine große Genugtuung. Mit Beginn des neunten Lebensjahres stellte er das Schlüpfen durch den nachgestellten Geburtskanal von sich aus ein. Ursprünglich konnte er sich nicht konzentrieren. Er verlor sich in der Außenwelt und wurde von den Eindrücken, die er zu ergreifen versuchte, abgezogen. Durch das wiederholte Nachstellen der Geburtssituation konnte er sich besser konzentrieren. Selbstverständlich wurden auch andere Fördermaßnahmen ergriffen. So verbesserten sich seine Lernleistungen kontinuierlich. Mika hat studiert und ist heute in seinem Beruf gut etabliert.

Damit soll aber nicht angedeutet werden, dass für alle Kinder, die durch einen Kaiserschnitt zur Welt gekommen sind, das oben beschriebene Ritual erforderlich ist. Einige lieben es, wenn sie sich daheim oder im Kindergarten mit Tüchern und Gestellen einen Tunnel bauen können, durch den sie kriechen. Wieder andere initiieren ihre Tasterlebnisse, indem sie mit den Händen tief in den Sandkasten fassen und dort Gänge graben usw.

Im Gegensatz dazu meiden manche Kinder zu intensive Tasterlebnisse. Derartige Eindrücke können als bedrohlich oder gar als schmerzhaft erlebt werden. Dazu zählen auch zudringliche Erklärungen: „Du, Felix, was du da gerade mit der Anna gemacht hast…" – Die Erzieherin kommt nicht weiter, denn der kleine Felix hält sich die Ohren zu und rennt weg. Sie hat Glück gehabt, denn manchmal explodiert er auch.

Drehen wir das Rad zurück und beobachten dasjenige, was die Erzieherin mit Felix besprechen wollte. Er hatte der kleinen Anna an den Haaren gezogen. Wenn wir uns fragen, warum das geschah, sehen wir, wie Anna ihrem Freund Felix einen Bauklotz aus der Hand gerissen hat. Das hatte er so erlebt, wie wir unter einem gewaltsamen Übergriff leiden würden. Anna hockt nun auf dem Boden und weint bitterlich. Ein Praktikant tröstet sie. Die Erzieherin setzt sich zu Felix und versucht nicht, dem Jungen sein Fehlverhalten zu erklären. Stattdessen greift sie nach einer Stoffmaus und einem Stoffzwerg und erklärt dem immer noch aufgeregten Felix:

Der Zwerg fand hier am Eichenhag

Ein Nüsslein, das im Moose lag.

- *Sie lässt den Stoffzwerg eine Nuss finden.*

Er griff es auf, da kam die Maus,

klaut ihm die Nuss, lief schnell nach Haus.

- *Die Maus klaut die Nuss und verschwindet unter einem Tuch.*

Der Zwerg, er war nun wütend gleich

Und meint: „Jetzt zu der Maus ich schleich

Und reiß ihr alle Haare aus.

- *Der Zwerg verfolgt sie bis zum Tuch. Die Maus lugt unter der Decke hervor.*

Da rief die Maus aus ihrem Haus:

Ich helfe dir beim Nüsse-Suchen.

Wir sammeln für den Nüsse-Kuchen.

Den wollen wir gemeinsam essen
Und unsern Streit sogleich vergessen.
- *Zwerg und Maus sammeln gemeinsam Nüsse.*
Es würde sich in diesem Fall anbieten, dass Anna und Felix gemeinsam mit einer Erzieherin oder einem Erzieher den Nusskuchen backen. Vielleicht schaut Felix auch nur zu, denn die Aktivität kommt ihm erneut zu nahe.

Der Sinn des Spiels besteht darin, dass dem kleinen Felix ein nachahmenswerter Umgang mit den eigenen Ängsten und den daraus sich ergebenden Konflikten vor Augen geführt wird. Da er bei seiner Attacke nicht voll bewusst handelte, kann er durch die kleine Fabel unbewusst sein Verhalten erfassen und sich anhand dessen neu ausrichten. Die rhythmisierte Sprache der Fabel löst Spannungen auf, denn sie wirkt direkt auf den Willen des Jungen. Derartige Spiele lassen sich aus dem Stegreif nicht immer entwickeln. Da ist es gut, einen kleinen Vorrat an Spielen, Fabeln und Liedern parat zu haben…

In der Schule bildet der Lebensprozess der Erhaltung die Grundlage für das reguläre Erinnern. Hat das Vorschulkind erfahren, dass es seine leiblichen Grundlagen und seine Stellung im sozialen Umfeld erhalten kann, ist es ihm im Schulleben auch möglich, sich an dasjenige erinnern zu können, was es zuvor aufmerksam und interessiert aufgenommen und auch als verwertbaren Eindruck akzeptiert hat.

Kinder wachsen

Welch eine Freude Kinder daran haben, wenn die Eltern staunend feststellen: „Meine Güte, Kind, bist Du schon wieder gewachsen!" Dabei spielt es keine Rolle, ob das Wachstum durch das Besteigen eines Baumstumpfes hervorgerufen wurde oder durch eine Messlatte, an der penibel verzeichnet wird, wie viele Zentimeter das Kind im Verlauf eines Monats gewachsen sei.

Viel entscheidender beim Wachstum ist die Veränderung der Proportionen: Nimmt der Kopfumfang weniger zu, als Rumpf und Gliedmaßen wachsen? – Wächst das Kind auch äußerlich der Schulreife entgegen? Bleibt der Kopf dominant, während der Körper relativ wenig gewachsen ist, wirkt das Kind noch mit sechs Jahren kleinkindlich. Sind die Gliedmaßen zu stark gewachsen, wirkt das Kind älter als vermutet.

Als Eltern bzw. Erziehende können wir einen mittelbaren Einfluss auf das Wachstum ausüben, wenn wir die Kinder mit lebendigen Bildern ansprechen und die Kognition noch zurückhalten. Der Becher ist also nicht vom Tisch heruntergefallen, weil er umgestoßen wurde. Er wollte nicht auf dem Tisch bleiben, weil der Papa ihn geschubst hatte. Der geschälte Apfel ist nicht braun geworden, weil die Säure einen Oxidationsprozess eingeleitet hat, der zur Bräunung führte, sondern der Apfel wollte sich eine Haut schaffen.

Wir verlebendigen dasjenige, was wir mit unserem Verstand üblicherweise als etwas Totes begreifen; denn die damit verbundenen Prozesse, die sich in der Welt der Pflanzen als Wachsen, Blühen und Fruchten abspielen, sie ereignen sich im Kind als Lebensprozesse, und dort sind sie lebendig. Diese lebendigen Prozesse werden immer dann ein wenig gestoppt, wenn sie äußerlich für tot erklärt werden. Durch dieses intime Abstoppen entstehen Stoffe, die sich als verstärktes Wachstum abbilden. Denn irgendwohin muss der entstandene Stoff ja hin. Der Haken an der Sache ist folgender: Das auf diese Weise Entstandene kann nur unter erschwerten Bedingungen individualisiert werden.

Den gleichen Effekt können wir erzielen, wenn wir lebendige Nahrungsmittel den raffinierten vorziehen. Gebe ich leicht verdauliche raffinierte Zucker, Mehle usw., dann kann der Körper schneller Stoffe daraus bilden und ablagern.

Lebendigere Lebensmittel müssen mit größerem Aufwand abgebaut und neu gebildet werden als raffinierte. Dabei entsteht aber eine vitalere Körpersubstanz. Die Kinder wachsen also nicht so schnell und werden ggf. nicht übergewichtig. Sie wirken aber geschmeidiger und wendiger. Sind Kinder, die sich aus industrieller Produktion ernähren, deshalb anfälliger für Krankheiten und weniger vital? Dazu ein Beispiel:

Ich unterrichtete in einer meiner Schulklassen einen Jungen, der wegen verschiedener Lebensmittelallergien nur Nahrung in raffinierter Form zu sich nehmen durfte. Die Eltern hatten große Sorgen, dass er davon körperlich Schaden nehmen werde. Der bildgeleitete Waldorfunterricht, der an unserer Schule gegeben wurde, kompensierte aber diesen Einfluss. Der Junge wuchs altersentsprechend und hielt auch sein Normalgewicht. Er ist inzwischen 40 Jahre alt, gesund und ‚allergiefrei‘.

Man kann also nicht aus einem Parameter, in diesem Fall der Nahrung, eine zwingend negative Prognose ableiten, sondern die Gesamtbilanz positiver Faktoren bestimmt über die Entwicklung.

Ein schönes Bild für das Wachstum erleben die Kinder, wenn man Kresse aussäht. Binnen weniger Tage sprießt sie schon, und recht bald kommen die Kinder ggf. von sich aus auf die Idee, Muster auszusähen.

Zum Umgang mit den Wachstumskräften in diesem Alter hatten wir mit unseren Töchtern ein schönes Erlebnis. Es begann eigentlich recht traurig. Christina und Anke fanden eine tote Meise. Diese wurde in einem mit Blumen ausgeschmückten Papiersarg gelegt und im Garten beerdigt. Auf die „Grabstätte“ stellten sie ein Kreuz aus frisch gebrochenen Ligusterzweigen. Die Zweige hatten sie mit einem Grashalm verbunden. Nun rammten wir das Kreuz in die Erde. Nach sechs Wochen trieb nicht nur der in der Erde steckende Zweig Blätter aus, sondern auch der mit dem Grashalm angebundene „Querbalken“. So war das Kreuz unverhofft ergrünt – für uns alle ein kleines Wunder…

Für unsere Töchter war alles in der Natur belebt – ob Stein, Pflanze oder Tier. Insbesondere bei den Steinen kommt uns Erwachsenen die Assoziation an eine zu stark ausblühende Phantasie. Blumen, die sprechen oder singen, sind schon etwas gewöhnungsbedürftig, aber Steine, die, wenn sie herabfallen, „weggelaufen" sind, und ein Holzstück, an dem noch Harz klebt, als ein „weinendes Holz" zu bezeichnen, das ist schon verwegen.

Christina verschaffte mir einen vertieften Zugang auf folgende Weise: Sie entdeckte eines Tages im Kiesbett an unserem Haus einen Steinklumpen, den sie mir als „Tierhotel" präsentierte. In der Tat handelte es sich um den Zusammenschluss von Korallen aus dem Devon – eine Konkretion. Ich war jahrelang achtlos an diesem Stein vorübergegangen. Christina hatte ihn entdeckt.

In der Tat hatten vor Urzeiten in den Korallenstämmen kleine Polypen gelebt. Das hatte Christina mit dem Begriff des Tierhotels imaginiert. Seitdem erschien mir die Entdeckung des Lebendigen im scheinbar Toten auch für meine Erwachsenenwelt nicht mehr so abwegig.

Dieses bildhafte Sehen von gedanklichen Schlüssen wirkt bis zum 8. Lebensjahr fort. Erst allmählich verwandelt es sich in den Lernprozess der Transformation, indem Kinder über den Verstand Begriffe durch eigene Erfahrungen erweitern und mit anderen Begriffen verknüpfen können.

Die Reproduktion

Oft wird der siebte Lebensprozess nicht berücksichtigt. Tatsächlich spielt die Reproduktion in ihrer Bedeutung als Fortpflanzung bei Vorschulkindern keine Rolle, aber dasjenige, was die leibbildenden Kräfte ausmacht, die mit der Pubertät die Reproduktionsfähigkeit einleiten, ist im Vorschulalter in anderer Form schon vorhanden. Die Umwandlung des physischen Leibes in einer dem Individuum entsprechenden Weise obliegt diesen

Kräften. Wir können sie äußerlich an den Formkräften erleben, welche die Kinder insbesondere beim Umgang mit Knetwachs entfalten.

So haben unsere Töchter mit fünf Jahren im Kindergarten eigene Weihnachtskrippen geformt. Alles bestand aus farbigem Knetwachs und war allerliebst anzuschauen – wobei der Materialaufwand gering ausfiel. Die Krippen konnten nämlich auf eine Grundplatte in den Maßen 7x 7 Zentimeter platziert werden. Maria und Josef waren gerade mal so groß wie eine Blattraupe, und das Jesuskind hatte die Ausmaße einer Stubenfliege. Diese winzigen Kunstwerke sind Jahrzehnte lang zu Weihnachten aufgestellt und von allen bewundert worden. Uns fiel damals schon auf, dass die Figuren so geformt waren, wie sich die Körper unserer Kinder ausgebildet hatten. Christinas Krippenfiguren waren so filigran wie ihre Gliedmaßen. Ankes Figuren waren dagegen gleichsam kraftstrotzend wie sich ihr Körper im Laufe der ersten Lebensjahre herausgebildet hatte.

Wenn Kinder spielen – möglichst mit Naturmaterialien oder ungestaltetem Spielzeug – dann sind sie stets kreativ tätig. Dasjenige, was sie äußerlich einem weißen Tuch als Gesicht, Rumpf und Gliedmaßen mental beifügen, bilden sie innerlich nach. Und diese Tätigkeit wirkt unmittelbar auf alle Bereiche des Körpers, vom Hirn bis in die Zehenspitzen.

Fazit zu den Lebensprozessen

Wir bieten schon im Kindergarten eine altersentsprechende Eurythmie an, um die Lebensprozesse anzuregen – insbesondere den Prozess der leibbildenden Kreativität. Wenn also beobachtet wird, dass die Kinder in den ersten sieben Lebensjahren überwiegend aus der Nachahmung leben und alle äußeren Eindrücke ihr späteres Denken, Fühlen und Wollen in den Grundstrukturen prägen, ist das richtig. Indes müssen wir den Willen der Kinder berücksichtigen.

Dieser wird durch die Erziehung zwar geformt, aber unabhängig davon ist er schon früh individuell ausgeprägt. Das erkennen wir an der Begegnung unserer Kinder mit der Außenwelt:

Unsere älteste Tochter ging vortastend, aber gezielt auf die Gegenstände ihres Interesses zu. Wenn sie etwas Neuartiges sah, betrachtete sie es eingehend und berührte es achtsam. Dabei war sie in einer großen Anspannung, denn sie hatte bestimmte Erwartungen, wie sich das, was sie da sah, wohl anfühlen werde. Wenn es diesen Vorstellungen entsprach, löste sich die Anspannung schlagartig in Erleichterung und Freude auf. Dann konnte sie auch kräftig zupacken. Wurden die Erwartungen nicht erfüllt, zog sie sich entweder zurück, oder sie wollte es genauer wissen, horchte an dem Gegenstand, roch an ihm usw. Was in der Regel nicht vorkam, war der ängstliche Rückzug. Der Gegenstand des Interesses musste so lange erkundet werden, bis sich eine Vorstellung bildete. Diese wurde dann auch in Worten zum Ausdruck gebracht – so wie es das obige Beispiel mit den „Pferdereifen" belegt.

Anke dagegen griff beherzt zu. Sie testete etwas gegebenenfalls auf seine Stabilität und Konsistenz hin, so dass es auch zu Bruch gehen konnte. Das ereignete sich aber nur einmal. Dann ging sie mit ähnlichen Gegenständen achtsamer um. Sie konnte also ihren vordrängenden Willen den Gegebenheiten anpassen und rasch eine Umsichtigkeit entwickeln, mit der sie ihre eigene Welt gestaltete.

Beide Töchter waren in ähnlicher Weise erzogen und durch unsere Vorstellungen geprägt. Insofern griffen sie unsere Impulse auf, eigneten sie sich aber über ihren Willen auf individuelle Weise an.

Hat ein Kind in diesem Alter seinen Willen soweit ausgebildet, dass es sich einen ungehinderten Zugang zu seiner Umwelt verschaffen kann, dann sind die Grundlagen für ein reiches Empfindungsleben und ein lebendiges Vorstellungsleben in den folgenden zwei Lebensjahrsiebten geschaffen. Auf der Grundlage dieses Empfindungs- und Vorstellungslebens können sie schon im zweiten Lebensjahrsiebt kreativ handeln und denken, um später als junge Erwachsene der Welt etwas Neues und damit auch Wertvolles einzuprägen.

Abschließend füge ich eine graphische Zusammenfassung der Lebens- und Lernprozesse bei:

	Lebensprozess im ersten Lebensjahrsiebt	Lernprozess im zweiten Lebensjahrsiebt
I	Atmung	Aufmerksamkeit
II	Wärmung	Interesse
III	Ernährung	Bewusstes Ergreifen von Eindrücken
IV	Absonderung körperliche Individualisierung	Individualisierung der Lerninhalte Was wird angeeignet, was wird „ausgesondert"?
V	Erhaltung	Erinnern
VI	Wachstum	Transformieren (Übertragen), Analogieschlüsse ziehen und reflektieren
VII	Reproduktion	Kreativität, Ideenbildung und Neues hervorbringen

Eine Randbemerkung:

Wenn wir erfahren wollen, wie intensiv unsere Kinder in die Lebensprozesse hineinschauen, sollten wir ihre selbst gemalten Bilder betrachten. Die folgenden beiden Zeichnungen dokumentieren, wie sich die Bildekräfte im Leib des Kindes mit einer Außenwahrnehmung verbinden. die vielen von uns nicht – oder auch nicht mehr – vertraut ist. Kinder erleben in der Natur etwas Wesenhaftes, was in den Märchen als Zwerge, Sylphen und Elfen erscheint – auch als engelhafte Wesen. In der Regel glimmt diese Wahrnehmungsfähigkeit im neunten Lebensjahr ab. Dieses Wahrnehmen ist für das Kind etwas Normales, worüber es sich nur aus eigenem Antrieb entäußern möchte.

Die Sinne

Die 12 Sinne sind ‚feste Größen' in unserer Existenz als körperliches, seelisches und geistiges Wesen. Sie stehen zueinander in einer verlässlichen Beziehung, um unserer Seele aus vielfältigen Quellen Eindrücke zu verschaffen. Im Folgenden wird herausgearbeitet, dass sich die menschliche Sinnesorganisation nach den drei Seelentätigkeiten des Wollens, Fühlens und Denkens in jeweils vier Sinnesbereiche untergliedert.

Die Sinne sind schon im embryonalen Zustand angelegt, reifen aber erst vollends bis zum 21. Lebensjahr aus. Im ersten Lebensjahrsiebt werden die Körper- oder Willenssinne ausgebildet, im zweiten Lebensjahrsiebt die Gefühlssinne und in den folgenden sieben Jahren die Gedankensinne. Selbstverständlich stehen die Gedankensinne schon dem Vorschulkind zur Verfügung, doch kann es sie erst zwei Jahrsiebte später selbstbestimmt handhaben.

Nun würde der Mensch, hätte er allein seine Sinne zur Verfügung, in deren Einzelaktivitäten zerfallen. Das Kind könnte beim Erklimmen einer Leiter nicht das Tasterleben mit dem Gleichgewicht und der visuellen Wahrnehmung wie auch der Wahrnehmung der eigenen Bewegungen verbinden. Es würde in einer dieser Wahrnehmungsebenen stecken bleiben und nicht einmal die erste Sprosse erklimmen können.

Wer vermittelt nun die Koordination der Sinnestätigkeit? Es sind die Lebensprozesse, die als Boten zwischen den einzelnen Sinnen fungieren, damit verschiedene Wahrnehmungen zu einer Gesamterscheinung zusammengestellt werden können. So lernt schon der Säugling mithilfe der Lebensprozesse die Koordination des Sehens und der Wahrnehmung der eigenen Bewegung , auch des Tastens, Schmeckens und Riechens, wenn er die Muttermilch genießt.

Wir haben aber auch Kinder, bei denen die Koordination über die Lebensprozesse nicht ‚funktioniert'. So kann ein Kind Gesichter nicht erkennen, weil es beim Sehen eigentlich die Fähigkeit aufbringen müsste, das Gesicht gleichsam abzutasten. Hier wird der Sehsinn mit dem Tastsinn verkoppelt. Technisch würden wir das als Abscannen bezeichnen. Da dem betreffenden Kind diese Fähigkeit abgeht, kann es nicht die Gesamtgestalt eines Antlitzes erfassen. Es nimmt nur Einzelteile wahr, wie Augen, Nase, Ohren usw. Das ist fatal, denn die Eltern haben den Eindruck, ihr Kind sei empfindungslos, weil es ihr Lächeln nicht erwidern kann, sondern wie seelenlos das Gegenüber anstarrt. Indes ringt dieses Kind verzweifelt um Zuwendung, es kann sein Bemühen aber nicht entäußern, weil ihm das Handwerkszeug zur Kontaktaufnahme fehlt.

Dieses Problem wird seit etwa 80 Jahren dem Begriff der Autismus- Spektrums-Störung zugeordnet, zu dem freilich weitere Beeinträchtigungen gehören. Der Ansatz zur Therapie findet sich in der Regel durch das Auffinden sogenannter Kanäle, über welche diese Kinder einen Zugriff zur Eigenwahrnehmung und zur Wahrnehmung der Welt finden. Dass diese Zugriffe zeitlebens speziell bleiben, macht ja den Reichtum und die Vielfalt unseres Menschseins aus.

Die Willenssinne bzw. Körpersinne

Während die Kindergenerationen vergangener Zeiten im ersten Lebensjahrsiebt eine gesundende Sinnestätigkeit in naturhafter Umgebung genießen konnten und durch das Beobachten bäuerlicher und handwerklicher Tätigkeiten geprägt wurden, ist heutzutage der Kindergarten bzw. das Elternhaus jene Umgebung, in der die Willenssinne ausgebildet werden. Wir verfügen über vier Körpersinne, die ich im Folgenden skizzenhaft beschreiben werde.

Der Tastsinn

Das Tasterleben führt zur Grenzerfahrung zwischen „Du bist außen" und „Ich bin drinnen". Daraus ergibt sich die innere

Gewissheit, dass all das, was mir begegnet, in einen höheren Sinnzusammenhang eingebunden ist. Dieser Sinnzusammenhang wird vom Kind personifiziert – und zwar gemäß jenem kulturellen Zusammenhang, in dem es aufwächst. Das kann dann u. a. als Gott, Allah, Vishnu oder Tao erlebt werden.

Daraus ergibt sich im Verlauf der seelischen Entwicklung des Kindes und später des Jugendlichen die Metamorphose des Tastsinns in den Ich-Sinn: Indem ich die Individualität meines Gegenübers wahrnehme, erlebe ich nämlich in ihm den Funken jener Kraft, die im Äußeren den höheren Sinnzusammenhang aller Welterscheinungen bewirkt – im christlichen Sinne der Funke Gottes. Beim Agnostiker, der keinen Gott oder einen höheren Willen akzeptiert, wird dieser Funke als allgemeine Menschenrechte kodifiziert, welche die Unantastbarkeit des Individuums einschließen.

Fehlt dieses Gefühl, weil eine Störung des Tastsinns vorliegt, entsteht in der Seele Angst. Diese Angst führt zum Rückzug, zum Grusel. Lebt man sich in die Grundstimmung der Gottgeborgenheit eines Kindes und im Gegensatz dazu in das Gefühl der Gottverlassenheit ein, wird man Angebote finden, die den Kindern entsprechende Sinneserlebnisse vermitteln. Dazu ein Beispiel:

Michi war schon im Kindergarten als „Weglaufkind" bekannt. Er hatte vor allem, was ihm begegnete, eine panische Angst. Seine Bewegungen waren hektisch, fahrig und auf Abwehr ausgerichtet. Nachdem er bei mir in die erste Klasse einer Waldorf-Förderschule aufgenommen worden war, verkroch er sich schon in der ersten Stunde unter dem Lehrerpult und verschanzte sich dort mit seiner Jacke und seinem Schulranzen vor den anderen Kindern. Wenn ich mich ‚meinem' Pult auf einen Meter näherte, drohte mir Michi: „Mein Papa kann boxen." Er hatte freilich die liebsten und geduldigsten Eltern.

Nun hatte Michi Probleme mit dem Sehen. So schmerzten ihm schon nach wenigen Minuten die Augen, wenn er höchst interessiert das Tafelbild betrachtete. Die Augen waren dann rot unterlaufen, und sie tränten. Ebenso empfindlich reagierte Michi auf Berührungen und meine Ermunterungen. Ihm war alles zu viel. So verbrachte er die ersten Wochen unter dem Pult, und – das sei unumwunden zugegeben – er strapazierte damit meine Geduld. Er war nämlich alles andere als ruhig in seinem Rückzugsort. Er raschelte, brummelte und polterte herum wie ein kleiner Kobold.

Nun begann ich nach vier Wochen, mit den Kindern dieser Klasse gemeinsam das erste Aquarell anzulegen. „Das kecke Gelb und das ruhige Blau begegnen sich", lautete mein Motto, denn diese beiden Farben standen stellvertretend für die beiden Fraktionen in dieser Klasse. Einige kamen nicht in die Stiefel und ließen alles an sich vorüberziehen, andere waren stets zu Übergriffigkeiten bereit und wollten geschickt eingebunden werden. Michi war der einzige Vertreter der dritten Fraktion – der Fraktion der Verweigerer.

Nun war für diese erste Stunde des Wasserfarbenmalens alles bestens vorbereitet. Ich hatte sogar einen Eimer mit Wasser und einen Aufnehmer mit Schrubber für den Fall bereitgestellt, dass die Farbtöpfchen das Fliegen lernen wollten. Wir feuchteten mit Schwämmchen die Büttenblätter ein – das heißt: Die Blätter hatten Durst und mussten erst mal was trinken. Während des Einfeuchtens rumpelte und pumpelte es unter meinem Pult. Das war Michi, für den ich selbstverständlich einen Platz bereitgehalten und sein Blatt eingefeuchtet hatte.

Wie beiläufig bemerkte ich: „Schade, dass der Michi heute nicht dabei ist. Er hätte bestimmt einen Riesenspaß am Malen. Hier warten schon das kecke Gelb und das ruhige Blau auf ihn." Alexander, unser kleiner Polizist, rief dann auch gleich: „Der hockt doch bei Dir unterm Pult!" – Das war suboptimal, denn Michi hatte sich gerade angeschickt, seinen Bunker zu verlassen und Ausschau zu halten. Zum Glück hielt ich meinen Unmut zurück und erwiderte: „Das mag schon so sein. Ich sehe aber nur seine Jacke und seine Tasche." Inzwischen hatte auch Alexander begriffen, dass wir Michi aus seinem Bunker hervorlocken wollten. Deshalb setzte ich erneut an.

„Jetzt könnten wir das kecke Gelb auf unser Blatt zaubern. Aber vielleicht möchte der Michi das auch sehen." Ich wandte mich an Nora: „Könntest du bitte mal auf dem Flur nachsehen, ob der Michi dort ist?" Dabei zwinkerte ich Nora mit dem linken Auge zu. Das war unser Zeichen für das „Scherze machen". Nora stiefelte grinsend zur Tür, riss sie auf und stellte fest: „Keiner da!" – „Schade", bemerkte ich. Da kicherte es unter dem Pult und Michi trat hervor, um mit mir gemeinsam sein Bild zu malen. Ich konnte mich gar nicht um die anderen Kinder kümmern. Aber die taten ohnehin dasjenige, was ich mit Michi ausführte: „Das kecke Gelb und das ruhige Blau begegnen sich."

Das war die erste Aktion im Unterricht, an der sich Michi beteiligte. Die Sache hatte noch einen Nebeneffekt: Durch das Betrachten der Farbübergänge ließ die Reizung von Michis Augen nach. Als ich in den folgenden Tagen weitere Aquarelle anlegen ließ, war Michi mit Freude bei der Sache, und er konnte seitdem seine Aufmerksamkeit besser ausrichten und sich vollends auf das Malen konzentrieren. Er hatte keine Scheu mehr vor dem Pinsel, dem Geruch der Farben, der rauen Oberfläche des Blattes, der Feuchtigkeit, auch nicht vor dem Beobachten der sich vermischenden Farben. Damit hatte er die erste Berührung nicht nur zugelassen, sondern von sich aus gesucht – wenn auch mit Hilfe eines Versteck-Spiels.

Mit dieser ersten Berührung verflog auch die panische Angst, die Michi schon beim Betreten des Schulhofs befiel. Der Papa brauchte seine Boxkünste nicht unter Beweis zu stellen, und ich hatte das Zutrauen des Jungen gewonnen. Inzwischen ist er über dreißig Jahre alt. Seine hochsensible Konstitution ist geblieben, aber er sucht von sich aus Möglichkeiten, damit umzugehen und dabei sein soziales Umfeld mit einzubeziehen.

Der Lebenssinn

Sobald wir Vorschulkindern mit weitschweifigen Unterweisungen und anderen kopflastigen Zumutungen begegnen, stellen diese ihre körperlichen Befindlichkeiten dagegen.

Das Gefühl der Unterkühlung, des Hungers, einer intimen Atemnot entspricht diesen Störungen, die den Kindern oft nur halb bewusst sind, aber aufs Empfindlichste das beeinträchtigen, was eine wesentliche Grundlage des Lebens in einer Gemeinschaft ist: die Wahrnehmung der körperlichen Einheit. Denn nur, wenn das Kind sich als eine geschlossene Individualität erlebt, kann es auch anderen Menschen problemlos begegnen. Ansonsten zerfällt das Kind in Befindlichkeiten, in denen es sich vollends verliert. Vorschulkinder äußern das oftmals nicht. Sie reagieren mit Rückzug oder auch mit Aggressionen, bitterlichem Weinen oder Verweigerung.

Ungewollte Attacken auf den Lebenssinn sind all jene Veranstaltungen, bei denen die Kinder viel stehen müssen. Wenn dann mal eines der empfindlicheren Kinder plötzlich umfällt, liegt das nicht nur am Mangel frischer Luft, sondern an dem Abhanden-Kommen der eigenen Leibeswahrnehmung. Der Lebenssinn hat seinen Betrieb eingestellt.

Wo aber treten diese Anfälle, Befindlichkeiten, Übelkeiten und die daraus resultierenden Bedürfnisäußerungen nicht auf? Immer dann, wenn die Kinder etwas fasziniert, wenn Handeln und lauschendes Innehalten einander die Waage halten. Insbesondere bei allen handlungsorientierten Aktivitäten bleiben derartige Attacken aus.

Karl König beschreibt, wie sich aus dem Wahrnehmungsorgan dieses Sinnes, das im Nervensystem beheimatet ist, schon im Vorschulalter unter anderem die physischen Grundlagen für den Gedankensinn entwickeln. Dazu folgender Bericht:

Nora war das Kind aus einer Nah-Ehe. Der Vater war zugleich Noras Großonkel. Die Mutter war alkoholkrank und trank auch während ihrer Schwangerschaft. Nora wurde mit zwei Jahren in die Obhut einer Pflegefamilie gegeben, die das Kind soweit förderte, dass es trotz erheblicher Entwicklungsverzögerungen eine Waldorf-Förderschule für Lernen besuchen konnte. Nora war in ihrer Klasse mit Abstand die Kleinste unter den Kleinen. Der Zahnwechsel hatte noch nicht eingesetzt, und sie hing am Rockzipfel ihrer Pflegemutter.

Als ich ihr als ihr neuer Klassenlehrer bei der Einschulung vorschlug, dass sie ihre Mama mit in den Unterricht nehmen könne, lehnte sie dieses Ansinnen ab und stiefelte wacker in das Klassenzimmer. Nora war mit mir vertraut, als würden wir uns schon seit Menschengedenken kennen. Sie ahmte all das nach, was ich der Klasse vorgestikulierte, vorsang und vortrug und brachte es wortgetreu mit nach Hause.

Solange, wie ich im Unterricht sang, in Versen sprach, mit den Kindern spielte und auch kleine Schauspiele inszenierte, war Nora freudig bei der Sache. Sie fühlte sich sichtlich wohl und geborgen. Kam nur der Hauch einer Belehrung, einer Unterweisung bzw. Anweisung auf, blockierte Nora massiv. Wenn ich das „O" mit Klebeband auf den Boden fixierte, damit die Kinder es ablaufen konnten, musste ich sagen:

„Mit dickem Bauch ja sowieso,
liegt vor dir nun das runde O!"
Dann sprang Nora auf und lief mit meiner Unterstützung den Buchstaben ab. Wenn ich aber vorschlug:
„Ihr dürft das O jetzt mal flink ablaufen", dann war das für Nora schon zu viel des Guten. Sie verschränkte ihre Arme und beschimpfte mich auf das Übelste.

Warum war das so? – Wenn ich sie über den Kopf ansprach, konnte sie ihren Lebenssinn nicht aktivieren. Ihr wurde es übel, und sie musste über den Umweg des aggressiven Verhaltens ihr Wohlbefinden wiedererlangen. Wenn sie dann ordentlich geschimpft und getobt hatte, blickte sie mich wieder ganz zufrieden an und ließ sich auch auf alles Weitere ein – soweit es musikalisch-rhythmisch aufbereitet war.

Das Musikalisch-Rhythmische wirkt nämlich unmittelbar auf den Willen ein. Deshalb ist es der Hauptbestandteil der Vorschulerziehung. So musste ich bei Nora eine Nachreifung der Lebensprozesse und damit auch des Lebenssinns anstreben, weil sie in dieser Beziehung große Defizite hatte. Sie war eigentlich noch ein Vorschulkind, wollte aber, was die Inhalte betraf, altersentsprechend unterrichtet werden. Deshalb pflegte ich neben den rhythmisch-musikalischen Impulsen auch das Unterrichten über die Nachahmung. Nichts wurde auswendig gelernt, sondern über wiederholtes Vorsprechen bzw. Vorsingen dem Gedächtnis eingeprägt.

Im sechsten Schuljahr konnte Nora aber immer noch nicht aus der eigenen Vorstellung lesen, schreiben und rechnen. Sie ahmte es entweder, zum Beispiel durch Abschreiben, nach, oder man musste ihr helfen. Das wurde den Pflegeeltern dann doch zu viel. Sie wollten Nora auf eine Förderschule für Geistige Entwicklung geben. Dort unterrichtet man ja bis zum 12. Schuljahr überwiegend nach der Vorschulmethode. Ich bedauerte den Entschluss der Pflegeeltern, akzeptierte ihn aber, weil Nora im häuslichen Umfeld wegen ihrer Defizite von den Geschwistern geneckt wurde.

Irgendwie hat Nora von dieser Entscheidung etwas aufgeschnappt. Denn in den folgenden zwei Wochen hatte sie die Defizite der vergangenen fünf Jahre aufgeholt. Sie konnte wie aus dem Nichts plötzlich lesen, Aufsätze schreiben und rechnen. Das alles sicherlich nicht auf Abiturniveau, aber für eine Förderschülerin in beachtlichem Umfang.

War das ein Wunder? Ja und nein. Nora hatte gerade zu diesem Zeitpunkt ihre Lebenssinnstörung soweit überwunden, dass ihre Lebensprozesse ausgereift waren und ihr ein unbeschwertes Lernen ermöglicht wurde. Die Überlegungen ihrer Pflegeeltern, sie auf eine Förderschule G umzuschulen, motivierten Nora, ihre

Ressourcen zu aktivieren. Sie verließ die Schule mit dem Hauptschulabschluss und ist heute die Mutter von zwei gesunden Kindern.

Der Bewegungssinn

Der Bewegungssinn dient nicht allein der Wahrnehmung der eigenen Bewegung und der sich daraus ergebenden Raumlageveränderungen. Er verarbeitet auch die von außen über andere Sinnesorgane wahrgenommenen Formen, Formveränderungen und Bewegungen.

Rudolf Steiner verweist darauf, dass diese Wahrnehmungen wie Golfe in die Leiblichkeit eindringen und dort durch den Eigenbewegungssinn nachgeahmt werden. Ein bekanntes Beispiel dafür ist die Nachahmung der Sprache über den sich mitbewegenden Kehlkopf der zuhörenden Person. Aber auch alle Formen und Bewegungen, die das Kind in seiner Umgebung wahrnimmt, ahmt es innerlich nach.

Die Nachahmungskräfte nehmen zwar im zweiten Jahrsiebt zugunsten der Gedächtnisbildung in ihrer leibbildenden Dynamik ab, sie stehen aber beim Lernen weiterhin zur Verfügung. So treffen Eigen- und Fremdwahrnehmung in der Tätigkeit dieses Sinnes zusammen und erzeugen in der Seele ein Gefühl von Freiheit im Körperlichen und eine damit verbundene Freude am Sozialen.

Dazu ein Bericht über Davids Bemühungen, sich in der Raumlage zu orientieren:

Der anderthalbjährige David sprach noch nicht viel. Er beobachtete lieber und eroberte tastend wie auch tänzelnd seine Umgebung. Dabei bereitete es ihm große Freude, Fußmatten und kleine Teppiche anzuheben und sie dorthin zu verfrachten, wo sie eigentlich nichts zu suchen hatten. So stand er eines Morgens vor mir auf einer Fußmatte und lächelte mich erwartungsvoll an, denn er freute sich schon darauf, die Matte unter seinen Füßen anzuheben und irgendwo hin zu schleudern.

Er beugte sich herunter, fasste die Matte an den vor ihm liegenden Ecken und versuchte sie anzuheben. Weil er aber auf der Matte stand, gelang ihm das nicht. Da half kein Brummen und Grummeln, die Matte wollte nicht mitspielen. Da riet ich ihm wie beiläufig: „Geh einfach einen Schritt zurück, dann will die Matte zu dir kommen." Daraufhin ging David einen Schritt zurück und konnte nun endlich die Matte mit Leichtigkeit anheben. Mir ist an diesem Ereignis sehr deutlich vor Augen geführt worden, dass unsere Kleinen weitaus mehr an sprachlichen Impulsen erfassen können, wenn diese mit Handlungen, Spielen oder auch Liedern verbunden sind…

Folgender Bericht verdeutlicht, wie anhand einfacher Maßnahmen kleine Fortschritte erzielt werden können.

Greta ist vier Jahre alt geworden. Papa hat viele Luftballons in der Wohnung aufgehängt und einige frei herumliegen lassen. Die will er seiner Tochter zuwerfen, damit sie endlich das Bälle-Fangen lernt. Wenn aber ein Ballon auf Greta zuschwebt, schnappt sie entweder zu früh oder zu spät zu. Das macht ihren Papa ganz kribbelig, und so schaukeln sich die beiden aneinander hoch. Am Ende ist Greta sauer, und Papa stopft die Ballons in die Besenkammer. Mama versucht zu vermitteln. Sie nimmt einen Stoffball und wiegt ihn von einer Hand in die andere. Dabei sagt sie folgende Verse auf:

Die eine gibt der andern
den Ball. Der muss nun wandern.
Die andere reicht ihn an,
damit die eine fangen kann.

So geht das zehnmal hin und her. Dann ergreift Mama Gretas rechte Hand und legt mit ihrer Linken den Ball hinein. Schließlich unterstützt sie auch Gretas linke Hand. Indem Mama nun hinter ihrer Tochter steht, lässt sie Gretas Hände den Ball hin- und herwiegen. Dazu deklamiert sie den Spruch so lange, bis Greta ihn eigenständig aufsagen kann. Wenig später wiegt Greta ohne Unterstützung den Stoffball von einer Hand in die andere.

Am nächsten Morgen, eine halbe Stunde, bevor es zum Kindergarten geht, zeigt Mama, wie man den Ball nicht nur von einer Hand in die andere wiegen, sondern auch in einem kleinen Bogen werfen kann. Dabei leistet der Spruch eine gute Hilfe.

Das geht jeden Morgen so weiter. Die Bögen, in denen Greta den Ball von der einen in die andere Hand wirft, werden immer größer und höher. Nach einer Woche traut sie sich, der Mama den Ball zuzuwerfen und ihn auch wieder aufzufangen.

Papa holt die Ballons aus der Besenkammer und veranstaltet mit Greta und Mama eine wilde Ballonschlacht…

Der Gleichgewichtssinn

Der Bogengangapparat im Innenohr wird als das Organ für die Wahrnehmung der Raumesrichtungen und damit des Gleichgewichts beschrieben. Darüber hinaus ermöglicht dieses Organ die Wahrnehmung der Schwere. Ist das Kind also in der Lage, sich aufzurichten, kann es sich im Raum orientieren und als freies Wesen in ihm fühlen. Das korrespondiert mit dem seelischen Gleichgewicht. Letztendlich verschaffen uns diese Empfindungen auch die Gewissheit einer kontinuierlichen Existenz. Wenn wir aus dem Gleichgewicht herausfallen, stehen wir nicht mehr in einem wachbewussten Verhältnis zu unserem Körper einerseits und zu unserer Umgebung andererseits.

Charlotte ging mit ihren Eltern im Wald spazieren. Mama balancierte mit der Zweijährigen auf einem Stapel mit breiten Holzstämmen. Das war der Weg über die Schlucht zum Zauberschloss des Prinzen Schnurzibumm. Letzterer wurde vom Papa verkörpert, der aus der Innentasche seiner Jacke eine Krone aus Goldpappe hervorgezaubert und auf seinen Kopf gesetzt hatte.

Charlotte flog förmlich über den dicken Stamm in die Arme des Prinzen. „Noch mal!" und „Noch mal!" – so wurde das Spiel mehrfach wiederholt. Schließlich waren die Eltern des Balancierens müde und zogen mit ihrer kleinen Tochter weiter. Sie kamen aber nur wenige Schritte voran. Da lag nämlich ein dicker Ast im Wege. Papa wollte ihn schon an den Wegrand schleudern, da kam ihm Charlotte zuvor. Sie hockte sich vor den Ast, umfasste ihn im Übergriff und versuchte, ihn anzuheben. Dabei verlor sie das Gleichgewicht und plumpste recht charmant auf ihren Allerwertesten. Papa wollte schon eingreifen und seine Tochter unterstützen. Mama schlug ihm aber vor, er solle die Szene mit seinem Handy filmen. So wurde Folgendes auf das Speichermedium gebannt:

Charlotte versuchte es noch einmal. Jetzt aber klammerte sie sich so fest an den Ast, dass sie nicht mehr abrutschte und das Gleichgewicht verlor. Tatsächlich gelang es ihr, den etwa 10 Kilo schweren Ast bis zu ihren Lenden anzuheben. Sie blickte ihre Eltern fragend an, denn sie wusste nicht, wie es nun weitergehen sollte. Da ging ihre Mutter in die Hocke, umklammerte einen imaginären Ast, lagerte ihn auf den Oberschenkeln und trug ihn an den Wegrand, wo sie ihn fallen ließ. Charlotte machte das unter Stöhnen und Ächzen nach, und es gelang ihr, den Ast auf den Wegrand zu befördern.

Eine besondere Rolle spielt das Fehlen des Gleichgewichtssinns bei Kindern mit Spasmen und Ataxien. Das äußert sich in der Unfähigkeit, die eigenen Bewegungen zu ‚konzipieren' und daraufhin auszuführen. Verbunden ist dieses Defizit mit einem seelischen Ungleichgewicht – entweder mit massiven Stimmungsschwankungen oder mit zunehmender Dumpfheit, auch mit depressiven Verstimmungen.

Heileurythmie, Chirophonetik und das Musikalisch-Künstlerische impulsieren diese Kinder ebenso, wie assistierte Bewegung, durch die ein Wahrnehmen der Raumlage und darüber auch ein Erleben des Körperschemas ermöglicht werden. Nicht entsprechend gefördert, fallen die betroffenen Kinder aus dem Erleben der zeitlichen Kontinuität heraus. Das geht bis zu Bewusstseinsausfällen. Die weniger dramatischen Folgen einer mangelnden Raumlage-Orientierung zeigen sich in der Legasthenie und Dyskalkulie, die ggf. mit motopädischen Mitteln erfolgreich behandelt werden können.

Zu den Spasmen und Ataxien ein Beispiel aus der Praxis dem Unterricht einer Förderschule für geistige Entwicklung:

Janina hatte sich bis zum dritten Lebensjahr altersentsprechend entwickelt. Dann verlor sie alle bis dahin erworbenen Fähigkeiten – insbesondere das Gehen, Sprechen und Denken. Es handelte sich um das Rett-Syndrom. Sie musste sich außerdem mit spastischen Lähmungen und einer Anfallsepilepsie auseinandersetzten. Auch war sie auf einen Rollstuhl angewiesen. Infolge der Lähmung stellte sich eine Verkrümmung des Rückens ein, die das Atmen erschwerte und deshalb das Implantieren eines Korsetts in ihren Brustkorb erforderte.

Seit dem siebten Lebensjahr besuchte Janina eine Waldorf-Förderschule (G). Sie reagierte auf alle sprachlichen Impulse freudig und kooperativ. Das äußerte sie durch ein differenziertes Lautieren, das Zuwenden ihres Kopfes, aber auch durch ihre Blicke und ggf. durch Nicken. So konnte man mit ihr durch gezielte Fragen, auf die sie entweder verneinend oder zustimmend reagierte, kommunizieren. Für ihre Wünsche bei den Alltagsverrichtungen wurde ein Sprachausgabegerät benutzt, das auf ihre Veranlassung hin – und zwar über den Blickkontakt – durch ihre Lehrerinnen oder durch Mitschülerinnen und Mitschüler bedient wurde.

Bei den musikalisch-rhythmischen Impulsen des Unterrichts entspannte sich Janina. Sie bewegte den Kopf zum Takt der jeweiligen Melodie, oder sie lauschte der Musik mit weit geöffneten Augen. Schon im ersten Schuljahr gelang es ihr, ein Metallophon assistiert zu bedienen. Mit verzögert einsetzenden Bewegungen ließ sie den Schläger auf den gewünschten Ton gleiten. Dabei stützte eine der Lehrerinnen mit ihrer Rechten Janinas Schlaghand von unten, so dass sie zwar einen Widerstand spürte, aber nicht geführt wurde. Dank dieser Übung konnte Janina im vierten Schuljahr den Sprachausgabecomputer eigenständig bedienen, wobei ihr das Spielen auf dem Metallophon weitaus angenehmer war. Gleichermaßen wurde sie in jedem Hauptunterricht und jeder Fachstunde mindestens einmal aus dem Rollstuhl gehoben und zum assistierten Stehen und Gehen angeregt – insbesondere dann, wenn sie Absencen (minimale Aussetzer des Wachzustandes) hatte. Die Häufigkeit der Absencen nahm dadurch ab. Auch wurde sie aufgeschlossener und heiterer. Beim Schreiben und Formenzeichnen schritt sie assistiert die auf dem Boden mit breitem Klebeband markierten Vorlagen ab. War sie wegen einer Absence nicht dazu in der Lage, fuhr man mit ihr gemeinsam den Buchstaben bzw. die Form mit dem Rollstuhl ab. Dabei sprachen alle Anwesenden den dazu konzipierten Spruch, der die Ausführung der Form bzw. des Buchstabens begleitete, laut mit. Die Eintragungen ins Epochenheft konnte Janina assistiert durchführen. D. h.: Sie bestimmte jene Laufrichtung des Stiftes, den die Lehrerin führte.

Durch das intensive Bemühen der Lehrerin, ihr alle Unterrichtsinhalte zu vermitteln, wurde das Interesse der Mitschülerinnen und Mitschüler an Janina geweckt. Wenn sich ein Kind einem Arbeitsauftrag verweigerte, brauchte die Lehrerin nur darauf hinzuweisen, dass Janina wissen wolle, wie der Auftrag erledigt werde, dann führte das betreffende Kind alles bereitwillig vor den Augen Janinas aus.

Bis zum achten Schuljahr hatte sich Janinas Konzentrationsfähigkeit soweit verbessert, dass sie am 90-minütigen Klassenspiel problemlos teilnehmen konnte. Ihre Texte wurden von einer Begleiterin gesprochen. Janina bestimmte aber die Laufwege und sagte durch Lautieren oder Gesten ihre Einsätze an. So spielte sie in einem russischen Märchen die Zarin und war sich der Bedeutung und Würde ihrer Rolle bewusst. Bis zum Abschluss der Schulzeit blieb Janina der soziale Mittelpunkt der Klassengemeinschaft. Durch sie war das Leben in der Klasse von vielen didaktischen Einfällen geprägt, die ohne ihre Mitwirkung nicht zustande gekommen wären.

Fazit:

Mit der Ausbildung der Körpersinne werden wesentliche Grundlagen für die spätere emotionale und kognitive Entwicklung geschaffen. Das Zusammenspiel von Sinnestätigkeit und Lebensprozessen bedingt im ersten Lebensjahrsiebt die Ausbildung eines gerichteten Willens und eines Körperempfindens, das sich in der Welt beheimatet sieht. Während die Sinnestätigkeit vom Kopfpol gesteuert wird, wirken die Lebensprozesse aus dem Stoffwechsel-Gliedmaßenpol – indem sie zum einen die Sinnesaktivitäten verlebendigen und zum anderen die Willenssinne zur Grundlage für die Entfaltung der Gedankensinne machen: Der Gleichgewichtssinn ermöglicht die Wahrnehmung von Geräuschen und Klängen. So sind beide Sinne im Ohr verankert. Der Bewegungssinn bildet die Grundlagen für den Sprachsinn – sowohl für das Sprachverständnis wie auch für den sprachlichen Ausdruck. Aus dem Lebenssinn entfaltet sich die Fähigkeit, Gedanken zu erfassen. Schließlich ermöglicht der Tastsinn das Erleben der körperlichen Geschlossenheit wie aber auch das Abgrenzen gegenüber anderen Menschen. Das ist die Grundlage für das Wahrnehmen eines anderen Ichs.

Im zweiten Lebensjahrsiebt wird das Lernen und in Verbindung damit die Ausbildung eines umfassenden Gedächtnisses über die Gefühlssinne initiiert. Je intensiver das Sinneserleben ist, desto eindrücklicher ist auch das Erleben der Unterrichtsinhalte. Im dritten Lebensjahrsiebt lernt der Jugendliche über die Authentizität der Lehrpersonen das Erfassen und Gestalten der Welt über die Gedankensinne. Nun kann sich der junge Mensch aus einem reichen Vorstellungsleben tatkräftig mit der Welt verbinden. Anbei der Überblick zur menschlichen Sinnesorganisation:

Erstes Jahrsiebt: Körpersinne Herausbilden des Willens (Die Welt ist gut.)	Zweites Jahrsiebt: Gefühlssinne, Herausbilden der Empfindung und Welterfahrung (Die Welt ist schön.)	Drittes Jahrsiebt: Gedankensinne, Herausbilden des eigenständigen Vorstellungslebens (Die Welt ist wahr.)
Gleichgewichts-sinn (Fundament des Hörsinns)	**Geruchssinn** Ich kann es riechen oder es stinkt mir.	**Hörsinn** Ich kann meine Aufmerksamkeit auf ein Geräusch, einen Klang usw. ausrichten.
Bewegungssinn (Fundament des Wortsinns)	**Geschmackssinn** Das schmeckt mir oder nicht – auch im übertragenen Sinne.	**Wortsinn** Ich kann Worte erkennen und mit meinem Sprachvermögen verbinden.
Lebenssinn (Fundament des Gedankensinns)	**Sehsinn** Ich gewahre und erkenne damit. Ich kann auch wegschauen.	**Gedankensinn** Ich kann Gedanken erfassen und in mein Vorstellungsleben integrieren.
Tastsinn (Fundament des Ich-Sinns)	**Wärmesinn** Ich kann mich dafür erwärmen oder auch nicht.	**Ich-Sinn** Ich gewahre mein Gegenüber als Individuum.

Die Konstitutionen – jedes Kind ein Rätsel

Rudolf Steiner entwickelte 1921 und 1923 gemeinsam mit dem Kollegium der Stuttgarter Waldorfschule die Konstitutionen – auch als Konstitutionstypen bezeichnet. Es wurden sechs Konstitutionen beschrieben, die sich zu drei Gegensatzpaaren gruppieren. Jeweils eines dieser Paare bezieht sich auf das Physische, die Lebenskräfte oder auf das Empfinden.

Kinder, deren Konstitution an das Physische gebunden ist, leben verstärkt in der gegenständlichen Wahrnehmung. Das großköpfige Kind schaut auf das Ganze und interessiert sich weniger für Details. Häufig ist das Willens- und Empfindungsleben im Kopf gestaut. Dadurch liegt die Tendenz vor, dass Eindrücke nicht in den Willen vordringen können und das Kind passiv ist.

Die kleinköpfigen Kinder interessieren sich dagegen für die Details. Sie verlieren schnell die Übersicht und lassen sich von augenblicklichen Eindrücken leiten. Bei diesem Konstitutionspaar schaffen handwerkliche Arbeiten den Ausgleich zwischen den Extremen. Sie vermitteln den Kindern eine Weltbegegnung, an der sie ihre Wirkung erleben. Darüber hinaus wirkt die Begeisterung der Erwachsenen, die zum Handeln anleiten, ausgleichend.

Aus den Lebenskräften entfalten die kosmischen und die irdischen Kinder ihre seelischen Aktivitäten. Man spricht auch vom „kosmischen Träumer" und vom „irdischen Tatmenschen". Während der Träumer stark in der Welt der lebendigen Gedanken lebt und nicht selten darin stecken bleibt, versucht das irdische Kind diese Gedanken in die Welt zu setzen – zu bauen, zu werkeln und zu graben. Bei diesem Konstitutionspaar schafft die künstlerische Betätigung einen Ausgleich. Musik, Eurythmie, Tanz, kleine Theaterspiele und das Plastizieren binden das träumende Kind an die schöpferische Realität und das irdische Kind an eine konkrete Gestaltung, die ansonsten in einem Übermaß an Tatendrang nicht so gut gelingen würde.

Aus dem Empfindungsleben agieren die sogenannten phantasiearmen und phantasiereichen Kinder. Rudolf Steiner wählte diese Bezeichnung, weil die betroffenen Kinder keinen regulären Zugriff auf ihre Erinnerungsfähigkeit haben. Aus dieser geht nämlich die Phantasie hervor. Das regelmäßig entwickelte Vorschulkind kann durch einen Schlüsselreiz zum Erinnern angeregt werden. Das ist z. B. ein Stichwort, ein Bild, ein Lied oder eine Geste. Bei den phantasiearmen und phantasiereichen Kindern ist diese Erinnerungsfähigkeit gestaut. Die phantasiearmen Kinder haben häufig Probleme, ihr Gedächtnis aufzubauen. Sie können nicht auf einen Schlüsselreiz reagieren, wissen aber, dass sie eigentlich dazu in der Lage wären, wenn da nicht dieser Stau bestünde, der das Aufrufen einer Erinnerungsvorstellung blockiert. Das entfacht die Empfindung der Hilfslosigkeit, in der Folge der Wut und Frustration. Dagegen fließen die phantasiereichen Kinder von jenen Eindrücken, die sie aufnehmen, gleichsam über. Sie verbinden sich zu stark mit ihnen und können sie nicht vergessen. Sie leben in der Empfindung, dass die Eindrücke sie soweit besetzen, dass sie Gefahr laufen, mit ihnen identisch zu werden. Das äußert sich in Stereotypien. So pfeift ein Kind z. B. fortwährend ein Lied, von dem es sich nicht lösen kann. Bei diesem Konstitutionspaar schaffen sprachliche Impulse, die mit Bewegungen verkoppelt werden, einen Ausgleich. Eigentlich müsste man mit den betroffenen Kindern alle Verrichtungen, die sie sich einprägen sollen – z. B. das Binden der Schnürsenkel, das Anlegen eines Mantels und das Herstellen eines Brotteigs – in Versen, sogar in Liedern vermitteln. Dann geht es wie von selbst. Denn musikalisch-rhythmische Impulse stärken jene Willenskräfte im Haupt wie auch im Stoffwechselbereich, die ein Auflösen der Staus und der Stereotypien bewirken.

Die drei konstitutionellen Gegensatzpaare lassen sich durch die entwicklungsverzögernde und die entwicklungsbeschleunigende Geste beschreiben. So bleibt z. B. beim großköpfigen Kind in der

Regel die Fontanelle länger offen, während sie sich beim kleinköpfigen Kind schneller schließt. Entwicklungen werden einerseits verlangsamt durchlebt oder im Extremfall nicht ergriffen, während sie andererseits zu früh eingeleitet und damit nicht vollendet werden.

Entwicklungs-verzögernde Geste	Ausgleich in der Mitte	Entwicklungs-beschleunigende Geste
Großköpfig Das Kind lebt im Haupt, während in die Gliedmaßen zu wenig Bewusstsein fließt. Das Kind wirkt träge und impuls-schwach. Die Glied-maßen sind häufig kleinkindlich ausge-bildet.	Das Kind lernt, seinen Willen nach erfassten Vorstellun-gen zu betätigen. Handlungsorientierte Projekte wirken aus-gleichend.	**Kleinköpfig** Das Kind lebt stark in der Sinnestätigkeit. Es ist „überwach". Durch die Sinne erfasste Impulse schie-ßen ggf. zu schnell in den Willen. Das Kind erscheint überaktiv. Die Gliedmaßen sind häufig zart.
Kosmisch Das hervorstechende Merkmal ist die Sen-sibilität, mit der das Kind Wahrnehmun-gen und Vorstellun-gen erlebt.	Künstlerische Betäti-gung sorgt dafür, dass eine kindge-mäße Selbstwirksam-keit erlebt wird.	**Irdisch** Das Kind geht seinen eigenen Impulsen nach und lässt sich wenig durch äußere Ein-drücke beeinflussen. Vorstellungen bestim-men sein Handeln.
Phantasiearm Das Kind erfasst zwar Eindrücke, geht auch mit ihnen um, kann sie aber auch bei gegebenen Schlüssel-reizen nicht erinnern.	Sprachliche Impulse helfen den Kindern, durch entsprechende Schlüsselreize regu-lär erinnern und vergessen zu können.	**Phantasiereich** Das Kind kann einmal erfasste Eindrücke nicht loslassen und verliert sich in ihnen.

Großköpfige Kinder

Ein Kind muss nicht einmal einen auffallend großen Kopfumfang haben, es reicht schon, wenn es ohne eine äußere Veranlassung ein wenig in sich zurückgezogen erscheint. Charakteristisch ist seine Fähigkeit, das große Ganze z. B. einer Landschaft zu verinnerlichen und vollends darin aufzugehen. Wenn dieses Kind dann ein Aquarell anlegt, das vorrangig aus den Farben und nicht in Motiven lebt, erkennt man schnell, wie es in den Farbübergängen lebt. Dagegen fällt es ihm schwer, etwas zeichnerisch darzustellen. Während beim Aquarell die Farben wie von selbst ineinanderfließen, müsste das Kind bei der Zeichnung die Initiative ergreifen und dasjenige darstellen, was es an vielfältigen Details hätte erfassen müssen. Oft stellt man aber fest: Das Kind hat zwar die Wiese und den dahinter liegenden Wald gesehen und kann das auch darstellen. Aber die vielen Blumen und die Tiere, die es hätte auf dem Wiesengrund entdecken können, hat es gar nicht erfasst, kann es also auch nicht zeichnerisch wiedergeben. Die großköpfigen Kinder sind oft ungeschickt, fallen viel hin und verzagen bei gemeinsamen Spielen, weil sie nicht mithalten können. Sozial sind sie deshalb schnell Außenseiter.

Nun leben diese Kinder so stark im Kopf, dass sie ihre eigenen Gliedmaßen nicht gut bedienen können. Das merkt man daran, dass der Kopf nicht selten überhitzt ist. Gegen akute Hitzestaus, insbesondere morgens, helfen kühle Umschläge oder eine kalte Dusche – soweit das Kind sie akzeptiert.

Mit dem großköpfigen Kind kann man gemeinsam das Fingerhäkeln üben. Dann ist es aufgefordert, seine Aufmerksamkeit auf die Tätigkeit der eigenen Finger zu richten und ein wenig genauer zu beobachten, als es dies ansonsten gewohnt ist. Auch bildet sich dadurch eine Geschicklichkeit heraus, die dem Kind Freude an der Aktivität bereitet. Diese Freude kann dann auch auf das gemeinsame Backen und Kochen übertragen werden.

Für dieses Kind ist die Schulung der Willenssinne entscheidend. Damit es sich besser in der Raumlage spürt, lässt man es auf einem breiten Balken balancieren, auch wandern oder mit dem Rad fahren. Wenn das Kind dadurch seine Gliedmaßen besser bedienen kann, wird man mit ihm Ballspiele arrangieren, die ihm ein höheres Maß an Geistesgegenwart abverlangen.

Großköpfige Kinder haben es also nicht so leicht, sich mit der Außenwelt zu verbinden und Eindrücke so schnell zu verarbeiten, wie die anderen Kinder es können. Wenn wir ihnen aber Mut machen und sie freudig zu jeglichen Aktivitäten anregen, werden sie später einmal Menschen, die gründlich denken und mit Bedacht handeln können. Locken wir sie aus ihrem Gehäuse heraus, ist ihre Verbindung mit der Welt von Innerlichkeit geprägt. Das ist eine Qualität, die heute mehr denn je gefragt ist.

Kleinköpfige Kinder

Diese Kinder müssen nicht unbedingt einen auffallend geringen Kopfumfang haben. Indes liegt ihr Schwerpunkt auf der Wahrnehmung von Details. Diese ziehen sie in den Bann, so dass sie auf der Wiese, die das großköpfige Kind als Ganzes erkennt, die vielen Einzelheiten entdecken, sich aber wenig später kaum noch daran erinnern können. Dass es sich aber um eine Lichtung handelte, die in einen Wald eingebettet ist, entgeht ihrer Aufmerksamkeit. Sie hetzen von einem Eindruck zum anderen – wie jene Touristen, die von allen möglichen Dingen Fotos auf ihr Handy bannen und dann, wenn sie die Bilder auswerten und einordnen wollen, keine Aufnahme nach ihrem Sinn- und Sachzusammenhang einordnen können.

Diese Kinder brauchen kontinuierliche Tätigkeiten, an denen sie einen Entstehungsprozess erleben können. Holzarbeiten, Backaktivitäten u. a. m. konzentrieren ihren Willen, der ansonsten durch die Gegend schwirrt, und verschafft ihnen das Gefühl der Selbstwirksamkeit. Man kennt sie auch als die hyperaktiven

Kinder, denen man unterstellt, sie seien nicht beziehungsfähig. Nun! Wenn es einem gelingt, ihr Vertrauen zu gewinnen, ihr Interesse zu wecken und mit der eigenen Begeisterung die ihrige zu wecken, dann können auch diese Kinder eine altersentsprechende Beziehung zu ihrem Mitmenschen gestalten.
Ich wurde als junger Erwachsener vom Pastor einer evangelischen Gemeinde gebeten, Kindern aus einem sozialen Brennpunkt bei den Hausaufgaben zu helfen. Die Kleinen, es waren Erstklässlerinnen und Erstklässler, zippelten an mir herum und benutzten mich als Turngerät. Das war ihre Möglichkeit, Beziehungen aufzubauen. Als ich dem Pastor erklärte, dass diese Kinder nur spielen, aber keine Hausaufgaben machen wollten, entgegnete er: „Dann spiele mit ihnen. Das ist wichtiger als Schule." Das hieß: Erst wenn ich im Spiel das Vertrauen der Kinder gewonnen hatte, waren sie auch bereit, sich auf meine Belange einzulassen, denn die Hausaufgaben waren ihnen so fremd wie einer Kuh die neunte Sinfonie von Beethoven.
Beim gemeinsamen Spiel musste ich dann die Hausaufgaben transformieren. Das Rechnen brachte ich ihnen in Form von Comics nahe. In einem dieser Comics stahl der Fuchs den Hühnern die Eier. Das war die Subtraktion. In einem anderen Comic fütterten die Hühner ihre vier Küken mit Würmern, beim ersten Mal mit jeweils zweien, danach mit jeweils dreien. Das war eine Multiplikationsaufgabe. Als Material zum Rechnen dienten anstelle der Würmer Gummibärchen, die nach jeder Aufgabe zum Verspeisen freigegeben wurden.
Nun ja! Ich ließ mir jeden Tag etwas Neues einfallen, damit diese kleinen Zappelmännchen ihre Freude an den Hausaufgaben hatten. Ähnlich ging es mit dem Erzählen und Aufsatz-Schreiben. Die Hühner-Comics wurden betrachtet, und eingehend beschrieben. Dann leitete ich die Kleinen an, Sprechblasen dazu anzufertigen.

Die Kinder waren mächtig stolz als sie die Comics mit den Sprechblasen in der Schule präsentierten.

Später habe ich dazu ein Hühnerlied konzipiert:

Leider musste ich meine Arbeit mit den Kindern beenden, weil ich nach dem Abitur zum Studium meinen Wohnort wechselte. – Während die Bewegungen der großköpfigen Kinder in die Schwere fallen, zersprengen sich die Aktionen der kleinköpfigen Kinder.

Sie zeichnen und schneiden hakelig. Sie legen ihre Aquarelle zu trocken an und bringen nur selten harmonische Farbübergänge zustande. Nichts fließt, sondern es ruckelt und zappelt. Eurythmie ist gerade für sie ein gutes Mittel, sich auf etwas Fließendes einzulassen.

Oft haben sie keine Wahrnehmung von ihrem Sich-In- der-Außenwelt-Zersprengen. Das sollte man ihnen auch nicht bewusst machen oder sie gar deswegen tadeln, auch wenn der Farbtopf zum dritten Mal in einer Stunde umgestoßen wurde. Wenn sie das elementare Musizieren erlernen, im Chor sprechen und singen können, werden Ein- und Ausatmung gestärkt und damit die Fähigkeit, etwas bewusst zu tun und nicht durch ein Von-Außen-Getrieben-Sein…

Kosmische Kinder

Das kosmische Kind träumt in seine Umgebung wie auch in sein eigenes Vorstellungsleben hinein. Manche Kinder sehen die Außenwelt in Farben, wo für uns Erwachsene keine Farben sind. Sie erleben sinnliche Eindrücke oft intensiver, als wir es uns träumen ließen. Im Grunde ist die Welt ein bunter Kaleidoskop, in den man mit seinen Sinnen hineingleitet und sich von den daraus geschöpften Eindrücken treiben lassen kann. Darin verliert sich das kosmische Kind schnell. Dabei kann es auch mal ohnmächtig werden, weil es den Kontakt zu seinem Körper nicht mehr aufrecht zu erhalten vermag. Oder es weint, weil eine Vorstellung so mächtig auf seine Seele eindringt, dass es nicht mehr herausfindet. Das kosmische Kind möchte über die künstlerische Betätigung die Weltbegegnung erfahren. Dabei will es aber nicht sich selbst überlassen sein. Es braucht Begleitung. Wenn wir mit ihm gemeinsam ein Wasserfarbenbild malen und erst einmal nur die Farbübergänge erleben, dann kann das Kind in Ruhe atmen und sich an den Mischungen erwärmen. So ist die Welt gut. Das spüren wir, wenn wir neben dem Kind stehen bzw. sitzen und innerlich mitgehen.

In der Eurythmie werden die Gesten erst nur angedeutet. Wenn wir darauf positiv reagieren und die Gesten innerlich wohlwollend begleiten, entfaltet sich das Kind und sprüht jene Freude aus, die wir ihm gleichsam geschenkt haben. So geht es bei allen Aktivitäten. Entscheidend ist die Begleitung durch einen Erwachsenen und der zarte, aber durchaus nicht zaghafte Angang. Alles will ästhetisch gestaltet sein – sei es das gebackene Brot, das als Zopf in den Ofen geschoben wird, das Lied, mit dem wir Häkeln, oder die Puppenbühne, auf der das Märchen präsentiert wird. Die Puppen sollten gerade für diese Kinder so gestaltet sein, dass sie nicht ausziseliert sind – also ohne Gesicht, Finger usw. Denn die gestaltende Kraft der Phantasie muss angeregt werden, damit insbesondere die kosmischen Kinder in die aktive und initiative Weltbegegnung kommen.

Irdische Kinder

Das irdische Kind packt gezielt und willensdurchdrungen zu. Es würde am liebsten den ganzen Tag etwas bauen, dann wieder abbauen und neu aufbauen. Es zeichnet stark konturiert – gegen alle Waldorfgrundsätze der fließenden Übergänge und zarten Farben. Denn Letztere müssen schon dicht aufgetragen sein – je mehr, desto besser.

Diese Kinder verbinden sich gern mit der Erde. Sie spielen in nassem Sand und bilden daraus Burgen, Schlösser oder technische Anlagen, in denen die kosmischen Kinder ihre Prinzen, Königinnen und Elfen walten lassen. Das irdische Kind bevorzugt freilich die Gnome und Zwerge, vielleicht auch die Riesen. In der Tierwelt macht der Elefant schon was her oder das Nashorn. Auch kann man sich mit den Dinosauriern identifizieren. Es müssen aber die größten und stärksten sein.

Diese Kinder an das Häkeln und Stricken heranzuführen, ist nur auf der Grundlage vertrauensbildender Maßnahmen möglich. Vielleicht muss man sich dazu bequemen, das erste Werkstück einem Plastik-Dinosaurier zu dedizieren, als eine Art Rückendecke, wie man sie bei Pferden einsetzt. Dann könnte man – wenn auch nur mental – auf dem Dino reiten. Das ist alles andere als waldorfkonform, bildet aber einen Übergang zur realen Kindergartenwelt. Hier können wir dann etwas für die Elfen stricken – oder eine Fingerpuppe, ggf. einen Zwerg. Der ist natürlich der Eschenzwerg; denn die Esche ist der mächtigste Baum weit und breit. Und wenn die Esche blühen will, brauchen wir Elfen. Die wiederum fertigen wir aus feinster gefilzter Wolle an. Vielleicht lässt sich das irdische Kind zu derartigen Feinarbeiten motivieren.

Überhaupt wollen diese Kinder an die Feinheiten des Lebens herangeführt werden – nicht mit erhobenen Zeigefinger oder auf der Grundlage von argumentativ ausgeschliffenen Endlosbelehrungen. Aber der Dino, vielleicht müssen wir ihn nochmal herbeibemühen, der lebte in einer Welt, wo es noch keine Elfen gab. Und der will sie ja schließlich kennenlernen – auch der Elefant und das Nashorn. Und damit das auch gelingt, verwandelt sich das Kind selber in eine Elfe…

Leichtigkeit zu spüren, ist für diese Kinder ein Bedürfnis, das zart geweckt werden will. Das geht selbstverständlich auf Schaukeln, Wippen und anderen Spielgeräten, beim Springen und Klettern. Dass diese Leichtigkeit aber auch im Malpinsel, im Malblöckchen und beim Stricken in den eigenen Fingern lebt, ist eine Erfahrung, die nicht vorausgesetzt ist, sondern gemacht werden will.

Manchmal staut sich der Wille dieser Kinder. Dann sind Gesang und rhythmisierte Worte eine Erlösung, denn mit der üblichen Ablenkung, wie sie vor Jahrzehnten noch funktionierte, kommt man heute nicht weit. Gerade die irdischen Kinder bleiben oft in dem stecken, was ihnen gerade in die Vorstellung hineingeschwirrt ist. Das kann eine Farbe sein, die an eine Werbesendung für Bonbons im Fernseher erinnert, und schon sind sie auf dem Bonbon-Trip und kommen nicht mehr davon los.

Dann ist es gut, wenn man als erziehende Person immer einige Melodien zur Hand hat und dazu einen Text improvisiert, der eine Alternative einleitet. Wenn wir die Absicht haben, gegen diese kleinen Bollwerke der Fixierung unseren Willen durchzusetzen, könnten wir auch versuchen, Granitschotter zu kauen. Das ginge leichter. Indem ich nämlich dem Kind durch meinen Widerspruch seine Blockade spiegele, wird es sich dessen bewusst und ist erst recht verstockt. Der Tag ist dann sozusagen gelaufen.

In einer meiner ersten Schulklassen waren zur Hälfte traumatisierte Kinder. Ich wollte im Erzählteil vorsichtig ankündigen, dass es ein neues Märchen gibt: „Heute, liebe Kinder, habe ich euch ein neues Märchen mitgebracht." Alle waren gespannt und blickten mich erwartungsvoll an. Nora meinte aber: „Keine Geschichte, du Affengesicht." Seitdem habe ich den Erzählteil immer mit einem Lied eingeleitet, damit das Affengesicht in der Vergessenskiste bleiben konnte…

Kinder mit geschwächter Erinnerung - phantasiearm

Das Gesicht des vierjährigen Pitt ist wieder einmal hochrot angelaufen. Eigentlich war alles klar gewesen. Die Mama hatte Mehl, Eier, Zucker, Butter und ein wenig Milch auf die Arbeitsplatte gestellt, und Pitt sollte den Zucker mit der Butter vermischen. Stattdessen hatte er schon wieder das Mehl anstelle des Zuckers genommen. „Falsch!", tönte Mama. Pitt schleuderte daraufhin die Schüssel mit dem Mehl und der Butter durch die Küche. Der Inhalt verteilte sich allerorten. Mama drohte nun ihrerseits zu explodieren. Sie packte den kleinen Kerl am Kragen und wollte ihn in sein Zimmer befördern. Pitt war außer sich. Er trat seiner Mutter gegen das Schienenbein, ruderte mit den Armen herum und stieß wüste Beschimpfungen aus. Als er dann doch im

Kinderzimmer gelandet war, brach er in sich zusammen. „Ich bin doof. Ich möchte nicht mehr leben! Ich springe zum Fenster hinaus!" rief er, öffnete das Fenster und stellte sich auf die Fensterbank. Mama eilte ins Kinderzimmer. ‚Jetzt nur keine falsche Bewegung', sprach sie innerlich. Dann überlegte sie. Das Fenster befand sich im Erdgeschoss. Pitt würde maximal einen Meter hinabstürzen. Außerdem war der Rasen seit Wochen nicht mehr gemäht worden, Moos hatte sich in dicken Schichten angesiedelt. Also würde Pitt weich fallen. „Wenn du springst, fände ich das sehr schade. Dann müsste ich die Küche allein sauber machen", bemerkte die Mutter.

„Na gut!", knurrte Pitt und folgte seiner Mutter in die Küche. Während sie die Schäden beseitigten, meinte die Mutter: „Wir machen jetzt eine Backampel." Pitt blickte seine Mutter fragend an. Sie erklärte es ihm: „Ich bastle grüne und rote Platten. Wenn etwas in den Topf kommt, liegt eine grüne Platte vor der Packung oder dem Gefäß. Wenn es noch nicht an der Reihe ist, dann liegt eine rote Platte davor. Pitt sprang auf seine Mutter zu und umarmte sie. „Du bist die beste Mama auf der Welt." Das sagte er mit tiefster Überzeugung, denn sie hatte ihn mit dieser Idee vom Stress mit dem Erinnern befreit.

Bei Pitt funktionierte nämlich das Erinnern nicht einwandfrei. Wenn er mit anderen Kindern spielte, konnte er sich plötzlich nicht mehr an die Regeln erinnern. Dann lief er rot an und machte sich wutschnaubend aus dem Staub. Die anderen Kinder verstanden das nicht und schlossen Pitt von ihren Spielen aus.

Wenige Wochen nach dem Zwischenfall mit der Backschüssel hatte Pitts Mutter eine neue Idee. Sie setzte die Rezepte in Verse und Noten. Pitt fand das zuerst recht merkwürdig. Dann aber bemerkte er, dass er sich die Abläufe beim Backen auf diese Weise besser einprägen konnte. Wenn er sich zum Gesang bewegte, ging es noch besser. Vorher war er immer erstarrt. Wenn ihm nun etwas nicht einfiel, ruderte er mit den Armen, oder er lief ein wenig auf und ab, dann konnte er sich – wenn auch reichlich verzögert – erinnern. Als Pitt eingeschult wurde, verfügte seine Mutter über ein ganzes Repertoire an Maßnahmen, die ihm das Erinnern möglich machten.

Die Erzieherinnen im Kindergarten erzählten Pitt selbst erfundene Geschichten. Was ist an solchen Geschichten so wichtig? Beim Erzählen aus der eigenen Phantasie erzeugt man innerlich eine Bilderfolge. In diesen Prozess konnte Pitt mit einsteigen. So eignete er sich nicht nur den Inhalt der Geschichte und die dazu entworfenen Wortbilder an, sondern er imitierte die innere Arbeit der vortragenden Erzieherin. Dieses Nachahmen würde ihm später als Hilfe dienen, seine Gedächtniskräfte zu mobilisieren. Die Phantasie der Erzieherin wirkte nämlich stärkend auf Pitts Lebenskräfte ein – und zwar im Bereich der Vorstellung. Mit diesen Kräften konnte Pitt zwei Jahre später das bewusste Erinnern initiieren.

Kinder, die etwas nicht vergessen können - phantasiereich

Niklas spielte gern mit seinen Autos. Seinem Vater fiel auf, dass Niklas immer die gleichen Runden auf dem Teppich drehte. Dabei wiederholte er fortwährend den Hinweis: „Bitte die Vorfahrt beschlachten." – „Das heißt beachten", verbesserte ihn der Vater. Niklas fuhr fort: „Bitte die Vorfahrt beschlachten."
Daraufhin reimte der Vater: „Was wir immer schon so dachten: Bitte Vorfahrt zu beachten." Daraufhin sagte Niklas: „Was wir immer schon so dachten." Das wiederholte er bei jeder Runde, die er mit seinem Spielzeugauto auf dem Teppich drehte. „Der Junge macht mich verrückt", brummte der Vater und zog sich zurück.
Am nächsten Tag hatte der Vater ein großes Sperrholzbrett und einen Karton mit Häusern von seiner alten Modelleisenbahn mitgebracht. Das alles platzierte er auf den Fußboden. „Was machst du da?", fragte Niklas. „Wir machen jetzt etwas

gemeinsam", erklärte ihm der Vater. Er nahm Wachsmalstifte zur Hand und fragte seinen Sohn: „Welche Straßen wollen wir denn auf das Brett zaubern?" Niklas erwiderte: „Was wir immer schon so dachten." – Sein Vater nickte und zeichnete eine Ringstraße, ließ den inneren Kreis aber an einigen Stellen offen. Dort konnten weitere Straßen einmünden.

Der Vater bat seinen Sohn: „Fahr mal mit dem Auto den Ring ab!" Niklas fuhr mit dem Auto die Ringstraße ab. „Gut so", lobte ihn der Vater. Er nahm eine Kirche aus dem Karton und stellte sie in die Mitte des Bretts. „Das Auto will nun zur Kirche fahren." Niklas lenkte den Wagen auf die Kirche zu, und sein Vater zeichnete die Straße, die Niklas mit dem Auto gefahren war, auf das Brett. „Jetzt haben wir eine Straße, die zur Kirche führt", stellte er fest und platzierte an den Rand des Rings das Bahnhofsgebäude. „Wie kommt das Auto jetzt zum Bahnhof?", wollte er wissen. Niklas nahm den Stift zur Hand und zeichnete eine Straße von der Kirche zum Bahnhof ein. Anschließend wurde die Straße zum Kaufhaus, zum Krankenhaus und zu einer alten Villa gezogen. Schließlich hatte Niklas ein buntes Netz von Straßen auf das Brett gezeichnet. Jetzt war Niklas das Taxi und der Vater der Kunde, der sich von einem Ziel zum anderen fahren ließ. Manchmal hatte der Taxifahrer die Übersicht verloren. Dann wusste der Fahrgast, wo es lang ging. Bei jeder Fahrt gab es für den Fahrer eine Rosine als Bezahlung.

Durch dieses Spiel konnte sich Niklas von seinen Fixierungen lösen. Sein Problem war nämlich das „Nicht-Vergessen-Können" von Eindrücken. Sie besetzten ihn förmlich und ließen ihn nicht mehr los. Indem sein Vater mit ihm gemeinsam den kleinen Stadtplan für das Niklas-Taxi aufgezeichnet hatte, wurde das Vorstellungsleben des Jungen beweglicher. Das war auch dringend nötig, denn in einem halben Jahr stand die Einschulung an.

Dem Taxi- Spiel folgten andere Spiele – wie das Kofferpacken. Dinge, die Niklas vertraut waren, wurden in seinem Beisein in einen Koffer gepackt, und Niklas musste sie wieder aus dem Koffer befreien, indem er sich an sie erinnerte – möglichst der Reihenfolge entsprechend, wie sie reingepackt worden waren. Klugerweise fingen die Eltern mit zwei Gegenständen an und steigerten den Umfang nach den Fähigkeiten ihres Sohnes.

Ein anderes Spiel war der Krabbelsack. Niklas durfte Gegenstände ertasten, die in dem Krabbelsack verborgen waren. Nach einer Eingewöhnungsphase begann er, die Gegenstände anhand der Tasterlebnisse zu beschreiben und sich so eine Vorstellung zu bilden. Das löste ihn von seiner Fixierung auf einzelne Merkmale und motivierte ihn, Eindrücke miteinander zu vergleichen.

Als Niklas in die Schule kam, halfen ihm Rätsel, sein Vorstellungsleben von sinnlichen Erfahrungen zu lösen und Begriffe anhand von Vergleichen zu finden. Täglich ersannen die Eltern ein Rätsel für ihren Sohn. Der fand es spannend, dass Mama und Papa so etwas konnten.

Fazit

Nur selten treten die Konstitutionen so deutlich in Erscheinung, wie es oben beschrieben wurde. Oft hat ein Kind zwei ähnliche Konstitutionen – zum Beispiel das Großköpfige und das Vergessliche. Das aber Gegensatzpaare gleichermaßen auftreten, ist auszuschließen. So kann ein Kind, sich nicht von einer Vorstellung lösen, an die es sich gar nicht erinnern kann. Dagegen kann ein großköpfiges Kind durchaus auch eine irdische, also tatkräftige Komponente haben.

So treten uns die Kinder fortlaufend als Rätsel entgegen, die zu lösen eine Freude und Herausforderung zugleich ist. Wenn wir nun auf die Möglichkeiten des Ausgleichs schauen, fällt uns auf, dass sie die wesentlichen Bestandteile der Waldorferziehung sind:
- Handlungspädagogische Impulse – wie u. a. das Backen, Basteln, textile Gestalten

-   Künstlerische Betätigungen – wie u. a. das Malen mit Wasserfarben, die Eurythmie, das Tanzen, Singen und Musizieren
-   Verbale Impulse – wie das Erzählen von Märchen, das gemeinsame Vortragen von Gedichten und kleinen Schauspielen und die rhythmisierte Sprache im alltäglichen Umgang.

Diese drei Säulen fügen dasjenige zusammen, was die Konstitutionen in unsere Arbeit mit den Kindern einfließen lassen.

Nachwort

Ich habe versucht, Aspekte der anthroposophischen Menschenerkenntnis zum ersten Lebensjahrsiebt anhand von drei Kriterien, den Lebensprozessen, der Körpersinne und der Konstitutionen, herauszuarbeiten. Dass die Perspektive auf diesen Lebensabschnitt auch um den Blick auf einzelne Kinder erweitert wurde, die im zweiten und dritten Lebensjahrsiebt ihre Defizite kompensieren konnten, ist dem Umstand geschuldet, dass wir erst anhand derartiger Verzögerungen die Bedeutung einer kindgemäßen Förderung im ersten Lebensjahrsiebt deutlich erkennen können.

Insofern hat der Satz „Was das Hänschen nicht lernt, lernt der Hans nicht mehr" seine Gültigkeit verloren. Es lohnt sich immer, Versäumtes nachzuholen. Man muss lediglich den Gehalt dessen erfassen, was eine Sinnesschulung, die Stärkung der Lebensprozesse und die Erkenntnis der Konstitutionen an Chancen bietet. Zu einer über den Rahmen dieser kleinen Ausarbeitung reichenden Auseinandersetzung damit möchte ich unbedingt ermutigen und sowohl Eltern wie auch allen anderen Erziehenden Erfolg und Freude bei ihrer Arbeit mit den Kindern wünschen.

Suchen Sie das Gespräch über die Waldorfpädagogik. Dabei erweitern nicht nur Sie, liebe Eltern, Ihren Horizont, sondern auch die Erzieherinnen und Erzieher wie auch alle anderen, die in den Betrieb eines Kindergartens, eines Hortes oder einer Schule einbezogen sind. Nur über den Austausch von Erlebnissen, Erkenntnissen und Eindrücken kann sich dasjenige ergeben, was ein „Hineinhorchen" in unsere Kinder ermöglicht.

Literatur:

Gelitz, P., Strehlow, A.: *Die sieben Lebensprozesse. Grundlagen und pädagogische Bedeutung in Elternhaus, Kindergarten und Schule*, Stuttg. 2014.

Kalwitz, B.: *Konstitutionstypen I-III*, in: Erziehungskunst 2005, S. 39-45, 148-153, 281-285.

König, K.: *Sinnesentwicklung und Leiberfahrung, Heilpädagogische Gesichtspunkte zur Sinneslehre Rudolf Steiners*, erw. Neuausgabe, 4. Aufl. Stuttgart 2000.

Patzlaff, R. u.a.: *Leitlinien der Waldorfpädagogik für die Kindheit vom 3 bis 9 Jahren*, Päd. Forschungsstelle b. Bd. d. fr. Waldorfschulen, Stuttgart 2007.

Soesman, A.: *Die zwölf Sinne*, 7. überarbeitete Aufl., Stuttgart 2007.

Steiner, Rudolf: *Die Erziehung des Kindes vom Gesichtspunkte der Geisteswissenschaft*, in: Lucifer Gnosis, Berlin 1907, zit. nach der Ausgabe Dornach 1981, GA 34. S. 7-44 u. 60.

Ders.: *Allgemeine Menschenkunde*, GA 293, Dornach 2010.

Ders.: *Menschenerkenntnis und Unterrichtsgestaltung*, GA302, Dornach, 2. Vortr. v. 13. 6. 1921 (zu kosmischen und irdischen Kindern) und 4. Vortr. v. 15. 6. 1921 (zu phantasiereichen und phantasiearmen Kindern), Dornach 1975.

Ders.: *Mitschriften aus den Lehrerkonferenzen*, GA 300b, Konferenz vom 6.2.1923, Dornach 1986.

Mit Blick auf die aktuelle Literatur über die Themen „Waldorfkindergarten" und Waldorfpädagogik können sie unter diesem Stichwort googlen und zahlreiche Hinweise finden.